历史教育的探索与展望：
理论、实践与比较

马天宝 ◎著

中国书籍出版社
China Book Press

图书在版编目(CIP)数据

历史教育的探索与展望：理论、实践与比较 / 马天宝著. -- 北京：中国书籍出版社, 2023.12
ISBN 978-7-5068-9714-3

Ⅰ.①历… Ⅱ.①马… Ⅲ.①历史教学 – 教学研究
Ⅳ.①K-42

中国国家版本馆CIP数据核字（2023）第234925号

历史教育的探索与展望：理论、实践与比较

马天宝　著

丛书策划	谭　鹏　武　斌
责任编辑	李国永
责任印制	孙马飞　马　芝
封面设计	博健文化
出版发行	中国书籍出版社
地　　址	北京市丰台区三路居路97号(邮编：100073)
电　　话	（010）52257143（总编室）　（010）52257140（发行部）
电子邮箱	eo@chinabp.com.cn
经　　销	全国新华书店
印　　厂	三河市德贤弘印务有限公司
开　　本	710毫米×1000毫米　1/16
字　　数	206千字
印　　张	14
版　　次	2024年5月第1版
印　　次	2024年5月第1次印刷
书　　号	ISBN 978-7-5068-9714-3
定　　价	86.00元

版权所有　翻印必究

目 录

第一章 历史教育发展概述   1

    第一节   历史教育的起源与发展   2
    第二节   历史教育学的建立   8
    第三节   历史教育学的理论追求与实践取向   17
    第四节   全球化背景下历史教育的挑战与机遇   22

第二章 历史教育的基本认知   28

    第一节   历史教育的本质   29
    第二节   历史教育的功能   40
    第三节   历史教育的目标   43
    第四节   历史教育的任务   51

第三章 历史教学   60

    第一节   历史教学模式与教学方法研究   61
    第二节   历史教学过程与教学原则   85
    第三节   历史教学设计与评价   95
    第四节   历史教学资源的开发与利用   99

第四章　历史学习　　　　　　　　　　　　　　　　　105

　　第一节　历史学习的内涵　　　　　　　　　106
　　第二节　历史学习的影响因素　　　　　　　117
　　第三节　历史学习策略与方法　　　　　　　119

第五章　历史教师教育与素养提升　　　　　　　　132

　　第一节　历史教师的基本素养　　　　　　　133
　　第二节　历史教师专业发展　　　　　　　　141
　　第三节　优秀历史教师教学素养的养成　　　147

第六章　中外历史教育比较　　　　　　　　　　　　156

　　第一节　中外历史教育模式比较　　　　　　157
　　第二节　中外历史教育课程设置对比　　　　164
　　第三节　中外历史教育改革分析　　　　　　183

第七章　历史教育展望　　　　　　　　　　　　　　190

　　第一节　创新教育推动历史教育发展　　　　191
　　第二节　教育数字化转型助力历史教育发展　202
　　第三节　元宇宙视域下历史教育的创新发展　207

参考文献　　　　　　　　　　　　　　　　　　　　213

第一章 历史教育发展概述

　　历史教育不仅是对历史事件的简单回顾和记忆，更是对人类社会发展规律和价值的深入挖掘和传承。它为我们提供了反思和借鉴的机会，帮助我们更好地理解自身以及我们所处的时代和社会。在全球化背景下，各种文化、思想、价值观的交流和碰撞更加频繁，对历史教育的多元化、开放性和包容性提出了更高的要求。

第一节　历史教育的起源与发展

一、历史教育的概念

历史教育是通过对过去事件的学习和理解，培养人们的历史意识、历史情感和历史责任感，进而提高公民素质和社会责任感的教育。它是人类文明发展的重要组成部分，对于个人和社会都具有重要的意义。

二、人类最早的历史教育

远古时代，无论是中国还是其他国家，都经历了一个没有文字的漫长时代。然而，我们仍然能够从考古学家不断发掘出来的那个时代的人类生活遗址、村落、生产工具和生活用品中，窥见当时人类的社会实践活动。此外，人们也通过口头传承的方式，将自己的历史一代一代地传递下去。这些口头传说成为我们常说的"远古传说"，它们在一定程度上描绘了那个时代我们祖先的生活情景。

这些远古传说主要描述了一些受人们敬仰的英雄们的事迹。古代人们之所以要记住这些英雄们的名字以及他们的品性、聪明才智和不屈的牺牲精神，并代代相传，是为了供后人效仿，将其作为榜样。

在中国古代，儒家就有"法先王"的说法和教育理念，这其中已经包含了历史教育的萌芽。在这个概念中，历史教育旨在教育人们效仿先王的道德品质和思想智慧，以此作为个人和社会行为的榜样。

此外，在文献记载和其他方面，如民族调查中，也有许多关于人们直接利用历史进行教育活动的例子。例如，摩尔根在《古代社会》一书中记录了美洲易洛魁人的一种仪式，他们每逢新的首领就职或举行哀悼会议时，都会由一位专司巫职的首领用一种由紫色和白色贝珠串成的带子,向与会部落成员讲述本部落的历史。这个仪式和活动就是一种历史教育活动,通过讲述部落的历史,使人们了解并记住他们的文化和传统。同时,《诗经》中"颂"的部分也反映了古代中国的类似情形,其中包含了许多关于历史事件和人物的内容。

从这些事实可以看出,自从有了人类以来,就有了人类创造自己历史的实践活动,同时也产生了历史教育的现象。历史教育旨在培养人们的道德观念、价值观念和人文精神等方面的素质,以适应社会发展的需求。无论是我国古代人、美洲易洛魁人还是其他国家的人,都通过各种形式的历史教育来传承他们的文化和传统。

三、历史教育的发展兴旺

文字的出现标志着人类历史的重大进步,它结束了依赖结绳记事或口口相传的原始时代,引领人们进入了以文字为主要交流和记录工具的新时期。自此,人们开始用文字详尽地记录各种实践活动,而史书也在这个时期应运而生,并逐渐发展成为对当时的人们进行历史教育的重要工具。

据文献记载,我国最早的史书主要有两种形式:一种是记言体,其代表作品是《尚书》;另一种是记事体,其代表作品是《春秋》。这两类史书的目的是双重的,一方面,它们让统治者能够审慎自己的言行举止;另一方面,它们为广大民众树立了"王者"的榜样,成为世人仿效的模板。显然,这两种史书都明确地揭示了其历史教育的作用。

随着时间的推移,史书的体裁得到了巨大的发展。其中,纪传体的《二十四史》和编年体的《汉纪》《资治通鉴》等都是其中的佼佼者。此外,还有纪事本末体如《通鉴纪事本末》《宋史纪事本末》《明史纪事本末》,以及典制体如《通典》等。除此之外,还有会要体、学案体、纲鉴体、图表体等多种形式。值得注意的是,我国史书的数量和卷数之多,在世界上都是罕见的。这一现象反映了我国历史教育的繁荣和兴旺。

在西方，历史教育的演进与文字的出现以及史书的大量编纂息息相关。这一发展过程与西方古代文化紧密相连。

生活在公元前484年至公元前425年之间的古希腊大史学家希罗多德被誉为"历史之父"。他编写的《历史》（也称为《希波战争史》）一书具有深远影响。这部史书的目的是传达历史教育，告诉人们一些专横的帝王如克洛苏斯、大流士、薛西斯等最终以兵败身死收场，而那些在历史上做过好事的人则永远受到人们的尊敬和怀念。希罗多德以此奖善惩恶，让后人从历史中得到教育和启示。

罗马共和国时期的波里比阿写的40卷《通史》十分注重历史的因果关系，并明确指出历史的教育作用是它的价值所在。这部史书是罗马史学的代表作之一，强调历史的教化作用。

14—15世纪，随着西欧封建社会中资本主义的萌芽和发展，以及新航路的开辟和早期殖民掠夺的开始，资本主义的生产关系在西欧逐渐成熟。此时，一场资产阶级的文化运动悄然兴起，史学作为这场运动的一部分，发挥了用资产阶级思想反对封建思想、教育群众的重要作用。这一时期的史学家们普遍反对基督教的史学观点，重新审视以人为中心的"人文主义"历史，认为纂述历史的目的就是要让人们支持新兴的资本主义并为其蓬勃发展寻找历史的营养和教益。

西方历史教育的繁荣与文字的出现和史书的大量编纂相互促进。这些史书不仅提供了宝贵的历史资料，还通过反对封建思想和支持资本主义发展的内容来教育和启迪人们。

我国近代的历史教育在反对外来侵略和反对本国封建势力的斗争中具有举足轻重的地位。自1840年中英鸦片战争爆发后，中国逐渐沦为半殖民地半封建社会，遭受了列强的多次侵略和不平等的条约压迫。在这个时期，中国人民通过各种方式展开了一场反对外来侵略和反对本国封建势力的斗争。

一方面，广大的中国人民掀起了波澜壮阔的革命运动，如太平天国运动、戊戌变法、辛亥革命等，旨在推翻封建统治和外来侵略，实现国家的富强和人民的解放。这些革命运动往往以先进的思想为指导，鼓励人们团结起来，共同为国家的繁荣和人民的幸福而奋斗。

另一方面，无数的先进中国人通过著书立说，翻译、介绍国外的新学

第一章　历史教育发展概述

说、新书籍，出版报刊等方式，大力传播先进思想，进行宣传教育。这些思想家和学者通过研究历史、撰写史书，揭示历史的真相和规律，为人们提供了历史的借鉴和智慧。他们强调历史的教化作用，旨在唤醒人们的民族意识和爱国精神，激发人们为国家的繁荣和人民的幸福而努力奋斗。

在这个过程中，史学革命和历史教育发挥了至关重要的作用。史学革命倡导以新的观点和方法研究历史，摒弃传统的封建史学观念，建立现代化的历史学体系。历史教育则通过学校教育、成人教育等多种形式，向广大人民普及历史知识，培养人们的民族自豪感和爱国精神。这些历史教育和史学革命的成果不仅为当时的革命运动提供了思想武器和理论支持，也为后来的历史研究和教育奠定了基础。

总之，我国近代的历史教育和史学革命在反对外来侵略和反对本国封建势力的斗争中发挥了重要作用。它们激发了人们的爱国热情和民族意识，为国家的独立和人民的解放做出了贡献。同时，也为后来的历史研究和教育发展提供了宝贵的经验和启示。

具体来说，在近代中国，历史教育的发展具有以下几个方面的显著表现。

第一，历史教育的目的变得非常明确，即"经世致用"。这是指历史教育不再仅仅是传授历史知识，而是为了服务于民主革命，通过历史教育来唤醒民众的民族意识和爱国精神，激发他们积极参与到革命运动中，共同为国家的独立和人民的解放而奋斗。这种明确的目的使得历史教育在近代中国具有重要的政治和社会意义。

第二，历史教育的视野得到了极大的拓宽。在这个时期，历史教育的内容得到了大大的丰富和完善，不仅包括传统的历史事件和人物，还涵盖了社会、经济、文化、科技等多个领域。这种丰富多样的内容使得历史教育更加全面和客观，有助于人们更好地了解和认识历史。

第三，人们开始接受新的史观，这使得历史教育的水平得到了极大的提高。新的史观强调历史的客观性和科学性，提倡用新的观点和方法研究历史。这种新的史观促进了历史教育的现代化和专业化，使得历史教育不再是简单的故事讲述，而是更加注重历史的本质和规律。

第四，近代学校的开办使得中小学历史课程成为历史教育的重要途径。

随着新式学校的兴起，历史课程成为学校教育的重要组成部分。学生们通过学习历史课程，可以系统地了解和掌握历史知识，培养他们的历史意识和历史素养。这种学校教育的形式使得历史教育更加普及化和制度化。

综上所述，近代中国的历史教育在目的、视野、史观和教育途径等方面都发生了显著的变化和发展。这些变化和发展反映了当时社会的时代特征和需求，也为后来的历史教育和研究奠定了基础。

四、新时代赋予历史教育的伟大使命

1919年的五四爱国运动标志着中国进入了一个新的历史阶段——新民主主义革命。这场运动不仅推动了中国的反帝反封建革命运动向前发展，而且对中国的史学研究与历史教育产生了深远的影响。随着马克思主义在中国的传播，唯物史观的教育和普及也得到了推动。早期共产主义者运用唯物史观等马克思主义理论，结合中国社会实际，有力地驳斥了反对马克思主义传播的论调，为马克思主义在中国的传播开辟了道路。

在1927年至1937年那段波澜壮阔的第二次国内革命战争时期，一些顽固的文人势力紧密配合蒋介石的军事"围剿"，对革命根据地进行了残酷的文化"围剿"。他们极力扭曲和否定马克思主义的普遍性，进而妄图否定其适用于中国的历史、国情以及自鸦片战争以来中国半殖民地半封建的社会性质。然而，这种荒谬绝伦的论调立即遭到了进步的马克思主义史学家们的猛烈驳斥和有力反击。这是一场激烈的思想战线上的论战，同时也是对中国人民进行的一次深刻的历史教育。通过这次教育，革命者和广大人民群众得以具备科学的历史知识基础，更加坚定了他们的信仰和追求。这场论战也为中国革命的胜利奠定了重要的思想基础。

抗日战争时期，以毛泽东同志为核心的党中央高度重视历史教育，认为历史教育对于提高党的干部和全体军民的素质具有重要作用。通过历史教育，我们不仅可以了解自己国家和民族的过去，还可以从中汲取智慧和经验，为未来的奋斗提供借鉴和指导。因此，党中央致力于将历史教育提高到

第一章　历史教育发展概述

一个更高的水平和阶段，以更好地激发全党全军全民的爱国热情和奋斗精神，为实现中华民族伟大复兴提供坚实的历史支撑。

第一，通过历史教育，我们可以让更多的人了解和认识自己民族的历史和文化，从而增强对自己民族的认同感和自豪感。同时，我们也可以通过历史教育，让更多的人认识到中华民族在历史上所遭受的苦难和屈辱，激发全民族奋起反抗帝国主义的侵略。

第二，历史教育对于人们认清国情、结合马克思主义与实际具有重要作用。在第二次国内革命战争时期，党内出现"左"倾错误，给党和革命带来了危害。这些错误脱离中国实际，特别是教条主义。为总结历史经验教训，党中央和毛泽东同志提出"使马克思主义在中国具体化"任务，随后进行全党整风运动，反对主观主义错误学风。为彻底整顿学风，党中央和毛泽东同志强调研究中国现状和历史。

在整风运动中，毛泽东同志强调了学习、研究历史的重要性，认为这是坚持马克思主义和科学学风的关键态度。整风运动不仅加强了马克思列宁主义思想在党内的地位，还提高了干部的思想觉悟，使党更加团结和成熟。这一运动具有深远的影响，为中国共产党走向独立自主的道路奠定了基础，并使马克思列宁主义的基本原理在中国得到具体应用和发展。

第三，历史教育对于革命运动具有重要的意义。通过历史教育，我们可以更好地了解中国社会的发展变化和历史经验教训，从而更好地把握中国国情和实际情况，为现实的革命运动提供历史借鉴。

在第二次国内革命战争时期，党中央和毛泽东同志非常重视吸取历史上的经验教训，运用这些经验教训来指导实践和推动社会发展。例如，毛泽东同志引用了我国古代著名的战例，为当时的战争提供了宝贵的借鉴，并取得了胜利。同时，毛泽东同志也反复强调要认真研究中国的现状和历史，以避免重蹈覆辙，推动中国社会不断进步和发展。

此外，郭沫若写的《甲申三百年祭》也是一次意义深远的历史教育。这本书总结了李自成农民军进入北京后失败的原因和教训，提醒人们要保持谦虚谨慎、不骄不躁的作风，不断吸取经验教训，不断进步和发展。这种历史教育对于中国共产党和中国革命事业的发展起到了重要的启示作用。

第四，历史教育对于改正人们的错误观念，用历史唯物主义的正确立场、观点和方法武装人民群众具有重要作用。

在抗日战争时期，中国共产党通过历史教育，帮助广大群众特别是党员干部了解中国革命的历史和现实情况，认清中国革命的形势和任务，从而更好地理解党的路线方针政策，提高政治觉悟和思想认识水平。同时，历史教育还可以帮助人们掌握科学的历史观和方法论，使人们学会运用历史的眼光来看待和分析问题，增强人们对马克思主义理论的理解和认同感。

第二节　历史教育学的建立

历史教育学作为一门独立的教育理论学科，经历了漫长的发展过程。它的建立和发展是历史教学法发展的必然结果，也是现代教育发展的重要趋势之一。本节将详细阐述历史教育学的发展历程、学科特点、研究范围以及在教育体系中的地位和作用。

一、历史教育学的发展历程

历史教育学的发展历程可以追溯到古代。在古代，历史教育是通过对历史事件和人物的口述、记忆和背诵等方式进行的。然而，随着社会的发展和教育的进步，历史教学法逐渐从简单的记忆和背诵中解脱出来，开始注重对历史事件和人物的理解和分析。

在欧洲文艺复兴时期，人文主义教育家开始强调对古典文献的学习和阅读，以培养学生的文化素养和道德品质。这种教育思想和方法为后来的历史教学法提供了重要的启示和基础。

进入20世纪以后，随着教育学的独立和发展，历史教学法也开始从其他学科中分离出来，形成了独立的学科体系。这个时期的历史教学法主要关注历史知识的传授和记忆，强调学生对历史事件和人物的了解和掌握。同时，一些教育家也开始尝试将心理学的研究成果应用于历史教学，以更好地了解学生的认知规律和学习特点。

随着教育改革的深入和教育理论的丰富，历史教学法也开始向多元化方向发展。在这个时期，历史教学法开始关注学生的主体性和参与性，强调培养学生的创新精神和实践能力。同时，历史教学法也开始借鉴其他相关学科的研究成果和方法，如社会学、文化学、人类学等，以形成具有自身特色的研究方法和理论体系。

进入21世纪以后，随着信息技术的快速发展和教育现代化的推进，历史教学法也开始向现代化转型。在这个阶段，历史教学法更加注重学生的自主学习和合作学习，强调培养学生的综合素质和能力。同时，历史教学法也开始关注与实际生活的联系和应用，以更好地满足社会的需求和学生个人发展的需要。

二、历史教育学的学科特点

历史教育学作为一门独立的教育理论学科，具有以下几个重要的学科特点（图1-1）。

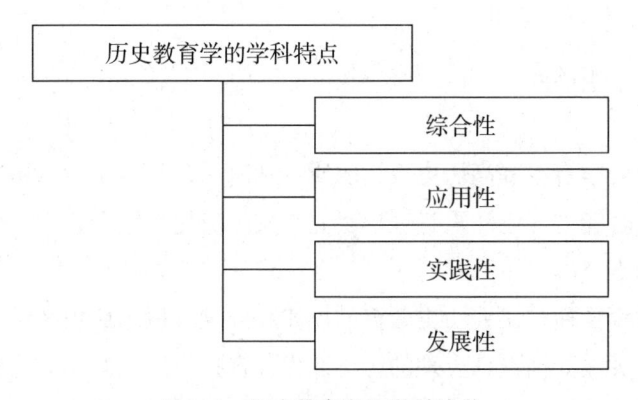

```
历史教育学的学科特点
├── 综合性
├── 应用性
├── 实践性
└── 发展性
```

图1-1 历史教育学的学科特点

（一）综合性

历史教育学涵盖了历史学、教育学、心理学等多个学科领域，具有很强的综合性。它综合运用这些学科的理论和方法，研究历史教育的规律和问题。

首先，历史教育学与历史学有着密切的联系。历史教育学的基础是历史学，它运用历史学的理论和方法来研究和解释历史事件、人物和文化。历史教育学需要借助历史学的研究成果和方法，来指导学生对历史知识的理解和掌握，培养他们的历史意识和文化素质。

其次，历史教育学与教育学也有着密切的联系。教育学为历史教育学提供了教育教学方面的理论和方法，指导历史教育的实践和研究。教育学关注学生的学习特点、认知规律和教育需求，为历史教育学的课程设计、教学方法和评价提供理论支持。

最后，历史教育学还与心理学有着密切的联系。心理学为历史教育学提供了对学生学习过程和教师教学心理的深入理解，帮助教师更好地了解学生的学习特点和需求，以便更好地设计和实施有针对性的历史教学策略。

综合运用这些学科的理论和方法，历史教育学能够更全面地研究历史教育的规律和问题。通过对历史学的研究，历史教育学能够深入探讨历史事件和人物的本质和意义；通过教育学的理论指导，历史教育学能够优化课程设计、教学方法和评价机制；通过心理学的支持，历史教育学能够更好地理解学生的学习过程和需求，提高教学质量和效果。

（二）应用性

历史教育学旨在提高历史教学的质量和水平，培养学生的历史意识、文化素质和综合能力。它注重将理论研究与实际应用相结合，为历史教育实践提供指导和支持。

历史教育学通过研究历史教育的规律和问题，探索历史教学的有效方法和策略。它关注如何设计合理的历史课程、选择合适的教学方法和手段、制定科学的评价机制等。历史教育学还研究如何培养学生的历史意识、文化素质和综合能力，帮助他们更好地理解和掌握历史知识，提高他们的学习兴趣和积极性。

除了理论研究，历史教育学还强调实践应用和指导支持。历史教育学的理论研究为实践提供了科学的基础和指导，而实践应用则能够为理论发展提供实证支持和反馈。历史教育学注重将研究成果与实际教学相结合，为教师提供实用的教学策略和方法，帮助他们更好地设计和实施历史教学。

此外，历史教育学还强调与实际生活的联系和应用。它关注历史事件和人物在现实生活中的影响和意义，引导学生将所学知识应用于实际生活中，提高他们的综合素质和能力。历史教育学还关注社会发展和时代变化对历史教育的挑战和需求，不断调整和更新教学内容和方法，以适应社会发展的需要。

（三）实践性

历史教育学强调实践性和可操作性。它注重对历史教学实践的观察和总结，通过实践验证理论的有效性，并为理论发展提供依据。

历史教育学关注历史教学实践的各个环节。它研究如何制定教学计划、设计教学内容、选择教学方法和手段、组织课堂讨论、评价学生的学习效果等。历史教育学还关注教师在历史教学中的角色和作用，研究如何提高教师的教学能力和专业素养，以便更好地指导学生进行历史学习。

通过对历史教学实践的观察和总结，历史教育学能够发现和解决实际教学中存在的问题和困难。它能够探究哪些教学方法和策略更有效，哪些因素会影响学生的学习效果，如何更好地培养学生的历史意识和文化素质等。这些观察和总结不仅能够为教师的教学提供指导和支持，也能够为理论发展提供重要的依据。

同时，历史教育学还强调通过实践验证理论的有效性。理论是指导实践的重要基础，但理论是否有效则需要通过实践来验证。历史教育学关注将理论应用于实践中，通过实践检验理论的有效性，并对理论进行修正和完善。只有经过实践验证的理论才能够真正为历史教育的发展提供科学的指导。

（四）发展性

历史教育学是一个不断发展和演进的领域，其研究范围和方法随着社会和教育需求的变化也在不断更新和拓展。

首先，随着社会的发展和文化的多元化发展，历史教育学开始关注如何应对和解决新出现的历史教育问题。例如，如何处理和解释具有争议性的历史事件和人物，如何培养学生的批判性思维和独立思考能力，如何促进历史教育与现代科技的融合等。这些新问题的出现不仅推动了历史教育学研究范围的扩大，也促进了研究方法的创新和发展。

其次，随着教育改革的深入和教育理论的发展，历史教育学也开始关注学生的主体性和个性化学习。它强调尊重学生的差异和需求，促进他们在历史学习中的积极参与和深度思考。例如，历史教育学开始关注如何利用信息技术为学生提供个性化的学习体验等。这些新的教学方法和学习方式不仅提高了历史教育的质量和效果，也促进了学生的全面发展。

再次，历史教育学还关注与相关学科的交叉和融合。它借鉴其他学科的研究成果和方法，如社会学、文化学、人类学等，以形成具有自身特色的研究方法和理论体系。例如，历史教育学开始关注历史记忆和文化传承的研究，探讨如何在历史教育中更好地传承和弘扬文化遗产和民族精神。

最后，历史教育学还关注国际比较和合作。它通过与世界各地的历史教育学者的交流和合作，了解和借鉴其他国家和地区的先进经验和做法，以推动历史教育的改革和发展。这种国际比较和合作不仅拓宽了历史教育学者的视野和思路，也促进了不同国家和地区之间的合作和交流。

三、历史教育学的研究范围

历史教育学作为一门独立的教育理论学科，其研究范围涵盖了历史教育的各个方面。具体来说，历史教育学的研究内容包括以下几个方面（图1-2）。

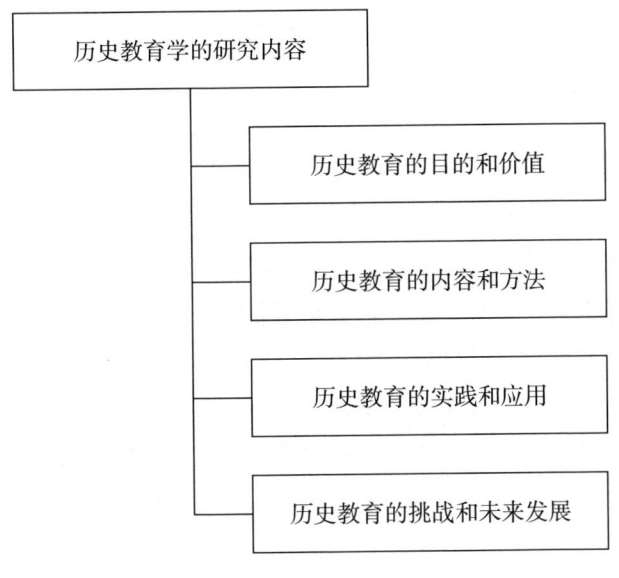

图1-2　历史教育学的研究内容

（一）历史教育的目的和价值

历史教育学研究历史教育的目的是探讨历史教育在学生个人发展和社会发展中的作用和意义。这包括培养学生的人文素养、公民意识、文化认同等方面的研究。

（二）历史教育的内容和方法

历史教育学研究历史教育的内容包括教材的编写、教学方法的选择、教学评价的实施等。这包括对不同年龄段学生的认知特点、学习需求和学习方式的研究。

（三）历史教育的实践和应用

历史教育学研究历史教育的实践和应用，包括教师在课堂上的教学实践、学生在实际生活中的运用等。这包括对教师专业发展、教学设计、教学资源开发等方面的研究。

（四）历史教育的挑战和未来发展

历史教育学研究历史教育所面临的挑战和未来发展趋势，探讨如何应对新的教育改革和社会发展需求。这包括对新技术应用、教育政策、全球化等对历史教育的影响和挑战的研究。

此外，历史教育学还关注历史教育的国际比较和合作，借鉴其他国家和地区的先进经验和做法，以推动历史教育的改革和发展。这包括对不同国家历史教育政策、课程设置、教学方法等的比较研究。

四、历史教育学在教育体系中的地位和作用

历史教育学作为一门独立的教育理论学科，在教育体系中具有重要的地位和作用。具体来说主要包括以下几个方面（图1-3）。

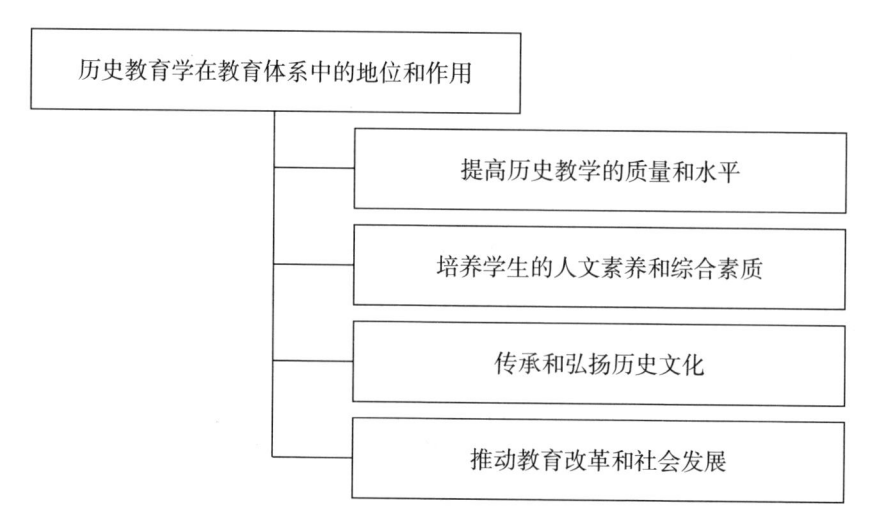

图1-3 历史教育学在教育体系中的地位和作用

（一）提高历史教学的质量和水平

历史教育学的研究对象包括历史教学的目标、内容、方法、评价等多个方面。它关注历史教学的规律和特点，探究有效的教学策略和方法，为教师提供科学的指导和支持。通过研究历史教学的规律，历史教育学能够深入了解学生的学习特点和需求，为教师提供针对性的教学策略，提高教学效果和质量。

历史教育学为教师提供科学的教学方法和策略，包括教学设计、教学组织、教学评价等方面。它关注如何设计合理的教学目标、选择合适的教学内容、制定科学的教学计划、组织有效的课堂讨论、评价学生的学习效果等。历史教育学还关注如何根据学生的差异和需求，采用个性化的教学方法和手段，提高学生的学习兴趣和积极性。

通过历史教育学的研究和指导，教师能够更好地理解和掌握历史知识，提高自身的教学能力和专业素养。它帮助教师更好地了解学生的学习特点和需求，为他们提供有针对性的教学策略和方法，提高教学效果和质量。历史教育学还为教师提供交流和合作的平台，促进他们之间的合作和共同发展。

（二）培养学生的人文素养和综合素质

历史教育学强调培养学生的历史意识、文化素质和综合能力，通过历史教育提高学生的思想道德水平，增强其社会责任感和公民意识，促进其全面发展。

历史教育学认为，历史意识是学生对历史事件、人物和文化的认知和理解，是他们形成正确历史观和价值观的基础。因此，历史教育学注重培养学生的历史意识和文化素质，帮助他们建立正确的历史观和价值观，提高他们的思想道德水平。

同时，历史教育学还强调培养学生的综合能力和素质。它关注学生的创新能力、批判性思维、独立思考能力、团队合作能力等，通过历史教育可以有效提高学生的综合素质和能力。这些能力和素质对学生的个人发展至关重要。

历史教育学通过多种方式培养学生的历史意识、文化素质和综合能力。它通过课堂教学、课外活动、社会实践等多种形式，为学生提供丰富的历史知识和文化体验。它还通过问题解决式学习、项目式学习等方式，鼓励学生主动参与和探究，培养他们的创新能力和独立思考能力。

此外，历史教育学还强调对学生的社会责任感和公民意识的培养。它通过历史教育帮助学生了解社会发展和国家建设的历史背景和原因，培养他们的社会责任感和公民意识。它还通过引导学生参与社会实践和公益活动等，让他们在实践中感受和理解社会责任和公民义务。

（三）传承和弘扬历史文化

历史教育学关注历史文化的研究和传承，旨在保护、传承和弘扬民族优秀传统文化。它通过研究历史文化来挖掘和整理民族文化遗产、传承和弘扬民族精神。历史教育学还关注历史文化在现代社会的应用和价值，探索如何将历史文化与现代社会相结合，推动文化的繁荣和发展。

历史教育学通过多种方式研究和传承历史文化。它通过课堂教学、学术研究、文化活动等多种形式，为学生和广大民众提供丰富的历史文化知识和体验。它还通过与相关学科的交叉融合，拓展历史文化研究的领域和深度，推动历史文化研究的创新和发展。

弘扬民族优秀传统文化是历史教育学的重要使命之一。历史教育学通过多种渠道和形式，传播和普及民族优秀传统文化，提高民众对民族文化的认知和认同。它还通过培养具有民族文化自信和传承意识的人才，推动民族文化的繁荣和发展。

此外，历史教育学还关注与世界各地历史文化的交流和合作。它通过国际学术交流、文化展览等形式，促进不同国家和地区之间的历史文化交流和合作，推动世界文化的多样性和繁荣发展。

（四）推动教育改革和社会发展

历史教育学关注历史教育的改革和创新，旨在提高历史教育的质量和效果，培养具有历史意识和文化素质的人才。它通过研究历史教育的规律和问题，探索适合时代发展的历史教育方法和策略，为教育体系的改革和完善提供指导和支持。

培养适应社会发展需要的高素质人才是历史教育学的重要任务之一。它通过培养学生的历史意识和文化素质，帮助他们建立正确的历史观和价值观，提高他们的综合素质和能力。这些高素质人才将为社会的发展和进步做出重要贡献，推动社会的进步和发展。

总之，历史教育学作为一门独立的教育理论学科，旨在提高历史教学的质量和水平，培养学生的历史意识、文化素质和综合能力。在未来的发展中，历史教育学将继续发挥重要的作用，为培养高素质人才和推动教育现代化做出贡献。

第三节 历史教育学的理论追求与实践取向

一、历史教育学的学科定位

历史教育学作为一门有着明确研究对象、任务和专业规范的学科，迄今为止仍主要局限于基础教育领域。这一现象有其特定的原因。首先，基础教育针对所有学生，它的目标和内容都是系统且规范的，既需要体现国家意志，也需保障公民受教育的权利和义务。这为历史教育学的研究和应用提供了明确的导向和范围。其次，尽管家庭、社会和学校历史教育等领域的研究也能为历史教育学注入新的内容和视角，但它们通常呈现出松散的特点，难以形成系统的学术研究体系。

（一）以研究历史教育理论为本

历史教育学具有以下三大核心特性。

首先，它以独特的历史教育思想为基石，构建起历史教育实践体系，其中每个研究者的取向各异。

其次，历史教育学致力于创建并阐述相关的历史教育原理，以指导更具人文精神、科学态度和时代特征的历史教育实践。

最后，无论是从理论还是从实践的角度来看，历史教育学都应遵循学术规范和范例。它应基于实证经验，但同时也不能被经验所束缚。在强调理论与实践相结合的同时，也要重视理论研究的独立性和真理性。

（二）对历史教学法的超越

历史教育学作为一门学科，其起源与历史教学法密切相关。在历史教学法蓬勃发展的时期，历史教育学逐渐崭露头角，其定位和定性深受历史教学法的影响。虽然历史教育学旨在建立一门新兴学科，以探索历史教育的规律并为实践提供理论指导，但它在很大程度上仍然受到历史教学法范畴的限制。

然而，到了20世纪八九十年代，历史教育学开始逐渐与历史教学法做出区分，将研究范围扩展到整体性的历史教育，而不仅仅是局部性的历史教学。它不仅关注理论性的历史教育问题，还致力于提高实践性的历史教学质量。尽管相关的研究尚未形成高水平的成果，但这一转变标志着历史教育学开始走向独立和成熟。

简而言之，历史教育学的创建是为了超越历史教学法，而不是替代或排斥历史教学法。它旨在成为一个独立的学科领域，探索和揭示历史教育的本质和规律，为实践提供更为全面和有效的理论指导。在这个过程中，历史教育学将不断发展和完善，为培养一代又一代具备历史意识和素养的公民做出重要贡献。

二、历史教育学的学科功能及研究架构

（一）整合历史学和教育学两种基本研究取向

历史教育作为人类文化传承的重要载体，具有三大主要功能：传承人类文化遗产、借鉴历史经验和预测未来趋势。这种功能定位的历史教育强调教师的教与学生的接受，相关的历史教育研究则主要倾向于教育学方向。历史教育的功能概念涉及价值观、世界观、道德、社会、文化、批判性思维、理解、审美、娱乐等诸多方面。然而，传统的历史教学法无法具备这样的学科功能，而当代的历史教学论也因其过于关注当前的课堂教学而无法承担这种富有创造性的研究任务。

当前面临的挑战是如何推进历史教学法演进并强化历史教育学，以巩固其作为教育科学重要组成部分的学科教育基石，并真正成为一门名副其实的历史学科教育。在此过程中，我们需要强化历史学研究取向，从而创建一门崭新的历史教育学。需要明确的是，无论是教育学取向还是历史学取向，都属于交叉学科的研究范畴。唯有在此基础上建立的历史教育学才能够具备独立的理论和实践体系。因此，我们需要进行深入的研究和实践，以发展出一种既符合教育科学规律，又具有历史学研究取向的新型历史教育学。这样的历史教育学不仅能够传承人类文化、借鉴历史经验、预测未来趋势，更重要的是，它能够培养学生的批判性思维和理解能力，为他们的未来发展打下坚实的基础。

（二）构建历史教育学研究框架

1987年9月，业内首次公开讨论了历史教育学建设的议题；1988年3月，《历史教学》杂志发表了第一篇关于历史教育学的学术论文；随后1989年底，又有两部名为《历史教育学》的著作出版。这一系列事件仅在短短两年多的时间内发生。这表明，历史教育学在继承历史教学法传统的同时，已经超越了历史教学法的影响。因此，对于历史教育学的研究，应当着重强调至少两

个方面的学术价值：首先，解决历史教育实践中存在的原理性问题，这些问题是阻碍历史教育顺利发展的关键；其次，发挥历史学的教育功能，推动历史教育的专业发展，使历史教育在培养人才、促进社会进步中发挥更大的作用。接下来，我们将按照三个层次进行深入研究。

第一层次包含两个紧密相连且相互影响的研究方向。一个方向是从历史学的角度出发，运用历史学的理论和方法来探讨历史教育议题，这被称为历史学研究取向；另一个方向则主要从教育学的视角来研究历史教育议题，这被称为教育学研究取向。两种研究取向都会涉及其他人文社会学科的知识和方法，因此可以归类为交叉学科研究。

第二层次的研究聚焦于深入探讨"历史教育学原理"，并致力于解决历史教育实践中所面临的根本性问题。传统历史教学法的研究虽然有其局限性，但后来的历史教学论和历史课程与教学论在拓宽研究范围的同时也推动了教学技术的进步。尽管如此，这些研究的主要关注点仍然是课堂教学，对于更广泛的教育环境及其实践并未给予足够的关注。随着教育改革的持续深化，教育和教学领域涌现出越来越多深层次的问题，这使得传统的教学方法显得力不从心。目前，"研究教学"的视角显然已经无法满足我们的需求，因为它既缺乏足够的广度，也无法深入到问题的本质。因此，我们需要开展更全面、更深入的研究，以期能更好地理解并解决历史教育实践中的核心问题，为教育实践提供有力的理论支持和实用的解决方案。

第三层次是第二层次的具体研究方向，我们采用关键词的形式列举了每个领域中的研究重点。这些课题在形成独立的解决问题的系统时，各种研究维度也随之产生，它们之间形成了有组织结构的整体研究。为了增强实践效果，需要关注两个方面。

一是在研究领域内构建具有系统性的研究维度。例如，在历史知识领域中，对于历史知识的选择、组织、运用以及辨识、建构和创新等方面，类型与概念、叙事与表达之间必须具有内在的相关性。这意味着，历史知识的选择和组织不能脱离对类型和概念的深入理解，而叙事和表达也不能独立于历史思维的理性和解释能力。

二是处理各研究维度之间的关系。例如，知识类型与概念的掌握和理解会影响着历史思维的理性和解释能力，反之亦然。同时，研究取向、领域、课题之间以及领域、课题内部之间也互相联系，共同构成历史教育原理。这意味着，任何一个维度的改变都可能影响到其他维度，进而影响到整体的研究效果。

这种结构体的完整性决定了其领域之间的关系一旦断裂，历史教育学将不复存在。如果其课题的研究过于宽泛或缺乏深度，或者各课题之间缺乏内在的相关性，历史教育学将无法真正有效地解决实践中的问题。因此，我们需要保持各研究维度之间的平衡和内在相关性，以确保历史教育学能够真正有效地解决实践中的问题。

三、历史教育学应把握的专业方向

概括来说，历史教育学应把握的专业方向主要包括以下几方面。

第一，历史教育学是一门兼具理论和应用价值的交叉学科，其研究旨在解决当前历史教育中存在的实际问题，推动历史教育事业的发展，培养具有国际视野的历史教育人才，促进社会主义核心价值观与历史教育的融合。

第二，历史教育是培养青少年学生正确世界观、人生观、价值观的重要途径，也是提高国家文化软实力、增强国家综合竞争力的重要手段。以历史唯物主义为指导思想，构建国家记忆与国家意志相统一、历史思维与批判性思维相吻合的历史教育理论，对于推动我国历史教育事业的发展具有重要意义。

第三，应建立一种全面且具有学科特性的历史教育研究范式，明确专业术语和基本概念，同时发展出独特的研究思路和方法。这将有助于有效地解决一系列专门性问题，如课程设计、教材编写、教学方法和评价方式等。通过这种方式，可以逐渐形成专业化、系统化的历史教育研究体系，从而更好地促进历史教育的发展和进步。

第四，进一步探索交叉学科研究的新路径，特别是在拓宽研究视野方面，通过运用多学科协作和跨学科研究的策略，将历史学和教育学的研究视角进行整合，重点构建符合时代发展需求的历史知识理论、历史思维理论和历史意识理论体系，以更有效地实现历史学科的育人目标。①

第四节　全球化背景下历史教育的挑战与机遇

一、全球化背景下历史教育的挑战

全球化背景下历史教育的挑战主要包括以下几方面（图1-4）。

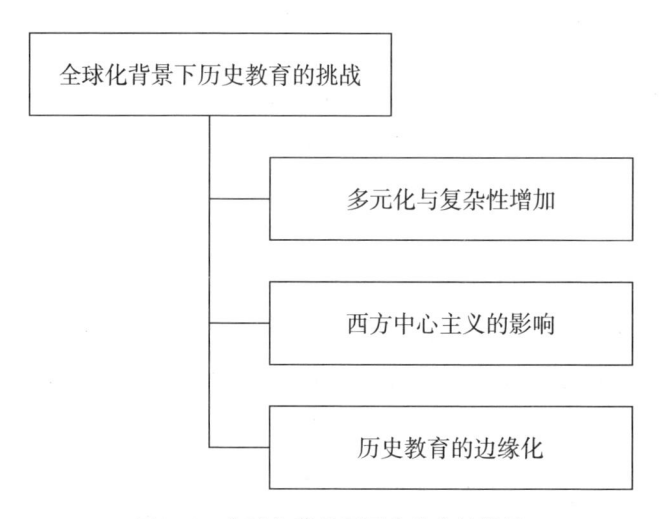

图1-4　全球化背景下历史教育的挑战

---

① 赵亚夫，熊巧艺.中学历史教育学的理论追求与实践取向[J].天津师范大学学报（基础教育版），2022，23（01）.

（一）多元化与复杂性增加

全球化使得文化更为多元化，也增加了文化的复杂性，使得历史教育面临诸多困难。在全球化背景下，各种文化交流交融，历史事件的解读和评价也变得更为复杂。如何处理这种多元化和复杂性，保持历史教育的客观性和公正性，同时尊重不同文化背景下的历史观，是历史教育面临的重要挑战。

（二）西方中心主义的影响

全球化也带来了西方中心主义的影响，使得非西方国家的历史教育面临诸多困境。西方国家的历史观、价值观以及其背后的意识形态对非西方国家产生深远影响，使得这些国家的历史教育面临如何处理本土文化和全球化的关系，如何在全球化的大潮中保持自身文化特色和独立性的问题。

（三）历史教育的边缘化

随着科技的发展和全球化的推进，一些人文学科包括历史教育逐渐被边缘化。在功利主义和实用主义的影响下，历史学科的地位和影响力下降，历史教育的重要性被忽视。如何在全球化背景下提升历史教育的地位和影响力，防止其被边缘化，是历史教育面临的又一重要挑战。

二、全球化背景下历史教育的机遇

全球化背景下历史教育的机遇主要包括以下几方面（图1-5）。

```
┌─────────────────────────────┐
│ 全球化背景下历史教育的机遇 │
└──────────┬──────────────────┘
           │      ┌─────────────────────┐
           ├──────│   资源的共享与整合   │
           │      └─────────────────────┘
           │      ┌─────────────────────┐
           ├──────│   跨学科的研究与发展 │
           │      └─────────────────────┘
           │      ┌─────────────────────┐
           └──────│ 增强国际理解和文化交流│
                  └─────────────────────┘
```

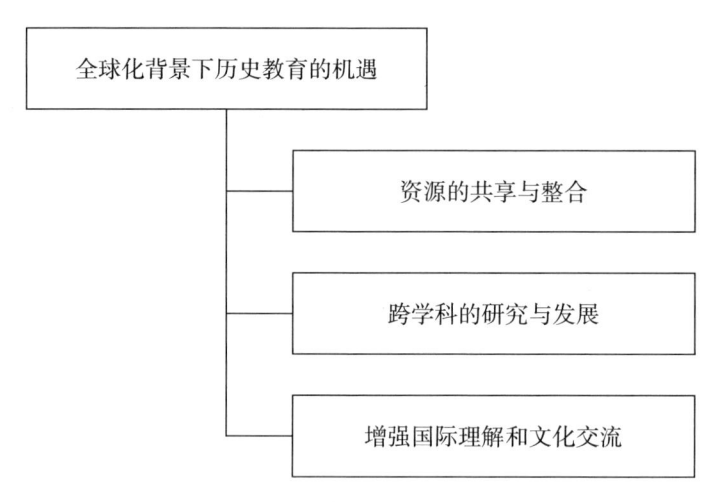

图1-5　全球化背景下历史教育的机遇

（一）资源的共享与整合

全球化也为历史教育提供了丰富的资源共享和整合的机会。通过国际合作和交流，历史教师可以共享教学资源、研究资料和教学方法，提高教学质量和效果。同时，也可以借鉴其他国家和地区的历史教育经验，完善自身的教育体系。

（二）跨学科的研究与发展

全球化背景下的历史教育需要跨学科研究和发展。通过与其他学科如社会学、经济学、政治学等的交叉融合，历史教育可以拓展研究领域，丰富教学内容和方法。同时，跨学科的研究和发展也可以为历史教育提供新的视角和思考方式，促进其创新和发展。

（三）增强国际理解和文化交流

全球化背景下的历史教育可以增强国际理解和文化交流。通过了解其他国家和地区的文化、历史和价值观，可以促进不同民族和文化之间的交流和理解，有利于构建和谐的世界秩序。同时，也可以为本土文化的传承和发展提供新的思路和方法。

三、全球化背景下历史教育的应对策略

全球化背景下历史教育的应对策略主要包括以下几种（图1-6）。

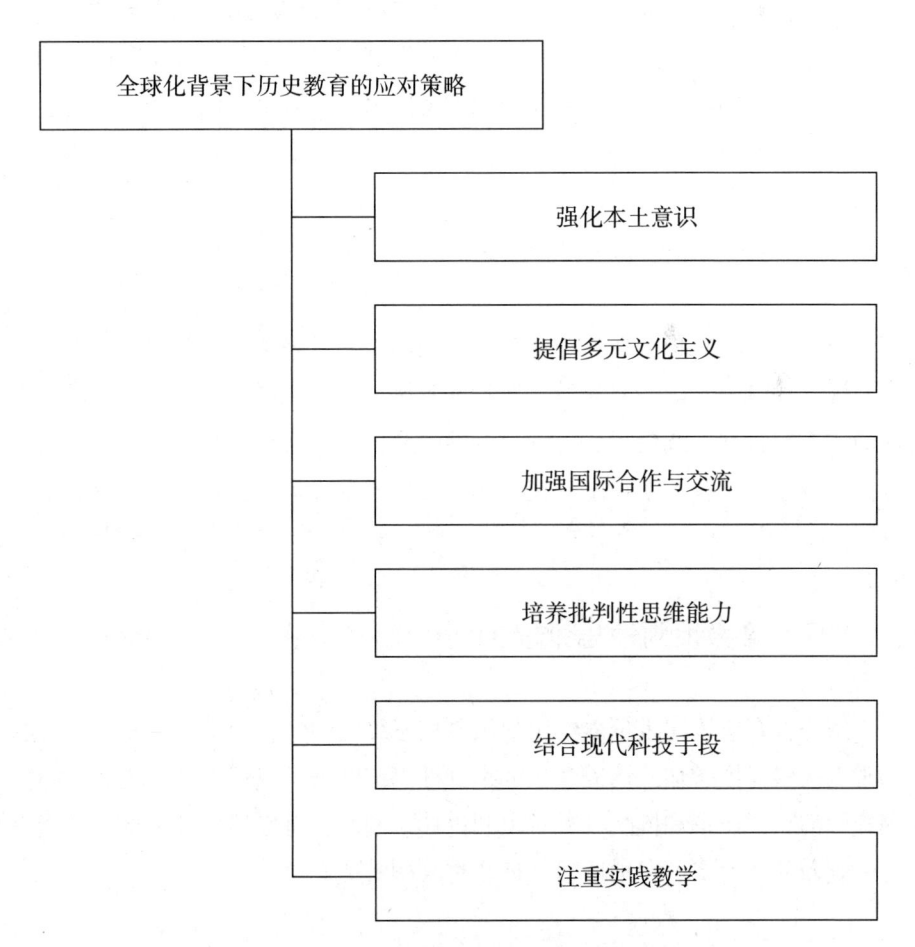

```
全球化背景下历史教育的应对策略
├── 强化本土意识
├── 提倡多元文化主义
├── 加强国际合作与交流
├── 培养批判性思维能力
├── 结合现代科技手段
└── 注重实践教学
```

图1-6　全球化背景下历史教育的应对策略

（一）强化本土意识

在全球化的大背景下，历史教育需要强化本土意识。这意味着不仅要教授全球化的视角，也要强调本土文化的独特性和价值。通过强化本土意识，可以帮助学生更好地理解本土文化的内涵和特点，同时也可以提高他们在全球化背景下的文化自信心和认同感。

（二）提倡多元文化主义

历史教育应该提倡多元文化主义，尊重不同文化和历史的多样性。通过多元文化主义的教育，可以帮助学生更好地理解和接受不同文化和历史的多样性，提高他们的跨文化交流能力和理解能力。同时也可以培养他们的全球视野和文化包容心态。

（三）加强国际合作与交流

历史教育应该积极加强国际合作与交流。通过国际合作与交流，可以共享资源、经验和知识，提高教学质量和效果。同时也可以借鉴其他国家和地区的成功经验和实践模式，完善自身的教育体系和发展路径。此外还可以通过国际合作与交流来增强不同文化和历史之间的理解，从而促进世界和平与发展。

（四）培养批判性思维能力

历史教育应该注重培养学生的批判性思维能力。在全球化背景下，信息和观点的多样性增加，培养学生的批判性思维能力可以帮助学生更好地筛选和理解信息，识别和挑战各种观点和论述。同时也可以帮助学生形成独立思考和判断的能力，更好地应对全球化带来的挑战和机遇。

（五）结合现代科技手段

历史教育应该结合现代科技手段，利用互联网、大数据、人工智能等技术提高教学质量和效果。通过使用现代科技手段，可以提供更多、更丰富的教学资源和学习方式，如在线课程、虚拟现实、交互式学习等。同时也可以创新教学方式，如反转课堂、混合学习等，提高学生的学习积极性和参与度。

（六）注重实践教学

历史教育应该注重实践教学，通过引导学生参与历史遗址的考察、博物馆的参观、社区历史的调研等活动，将理论知识与实践相结合，提高学生对历史的理解和认识。同时也可以培养学生的实践能力和创新精神，为他们未来的职业发展打下基础。

综上所述，全球化背景下的历史教育既面临挑战，也充满机遇。通过强化本土意识、提倡多元文化主义、加强国际合作与交流、培养批判性思维能力、结合现代科技手段以及注重实践教学等策略，我们可以更好地应对全球化带来的挑战，同时也可以利用全球化带来的机遇，推动历史教育的发展和创新。

第二章 历史教育的基本认知

历史，作为人类文明的宝库，承载着过去的记忆和智慧，为我们提供了观察世界、理解社会、明辨是非的独特视角。历史教育，则是我们传承历史文化、培养未来人才的重要途径。通过历史教育，我们能够培养学生的历史意识、全球视野和社会责任感，帮助他们更好地理解当今社会，塑造未来人生。

第一节　历史教育的本质

历史学科属于人文科学范畴，历史教育的核心本质可以理解为人文素质教育。然而，在长期的教育实践中，我们的历史教育教学往往忽视了这一至关重要的功能。本节旨在唤起历史教育工作者的回归，重新审视历史教育的本质意义，并充分发挥历史学科的人文教育功能。

一、历史教育的人文性

（一）人文主义与人文教育

人文主义和人文教育是紧密相关的概念。人文主义是一种哲学思想，强调人类的自由、平等、尊严和价值，以及人类对知识和文化的追求。这种思想体系的核心是对人类经验和人类智慧的尊重，以及对人类精神和道德发展的追求。

人文教育则是实现人文主义思想的重要途径。它注重培养人的批判性思维、独立思考和创新能力，帮助人们形成良好的道德品质和文化素养。人文教育的目标是促进人类自由、平等，维护人类的尊严和实现人类的价值，以及推动人类知识和文化的传承和发展。

在人文教育中，人文主义思想被广泛应用于课程设计、教学方法和评估标准等方面。它强调对人类经验和人类智慧的尊重，注重培养人的批判性思维和独立思考能力。同时，人文教育也关注人类精神和道德发展，帮助人们树立正确的价值观和人生观。

（二）人文的历史

基础教育阶段的历史学科主要关注的是人类社会发展的历史。历史是人类不断发展和变化的过程，其中人的活动、组织和相互关系构成了历史的主要内容。具体而言，历史学科在基础教育阶段涉及的内容包括以下几方面。

第一，人类社会的演变。历史学科介绍了人类社会的起源、发展和变化过程，包括不同时期的社会组织、政治制度、经济体系和文化形态等。

第二，人类活动的多样性。历史学科记录了人类在不同时期、不同地域和不同文化背景下的各种活动，包括生产劳动、科技发明、艺术创作、宗教信仰、战争与和平等。

第三，人类社会的组织结构。历史学科介绍了人类社会的组织结构和发展变化，包括家庭、家族、政府、国家、民族等组织形式，以及它们在不同时期的表现和特征。

第四，人与自然的关系。历史学科记录了人类在发展过程中与自然的互动关系，包括人类对自然环境的适应和利用方式，以及自然环境对人类社会的影响和作用。

第五，人与人之间的相互关系。历史学科关注人与人之间的相互关系，包括社会关系、政治关系、经济关系和文化关系等，以及这些关系在不同时期的表现和特征。

通过学习历史，人们可以更好地了解人类社会的复杂性，认识人类活动的多样性和变化性，理解人类社会的组织结构和变化过程，以及思考人与自然和人与人之间的相互关系。这些都有助于培养人们的文化素养、批判性思维和独立思考能力，促进人类的自由、平等、尊严和价值的实现。

历史学科具有丰富的人文教育的内涵和功能。

（1）人类发展史可以被视为人类征服自然和利用自然的过程，但这仅仅是其表面现象。从更深层的角度来看，人类发展史本质上是人的解放、人的发展的历史，是人类不断探究自身、不断完善自身的过程。

人类在生存和发展过程中，不断地与自然界进行互动和斗争。通过对自然资源的利用和改造，人类逐渐掌握了更多的生存技能和生产能力，使自己的生活条件得到改善。这种征服和利用自然的过程确实反映了人类的智慧和创造力，但这并不是人类历史的全部。

更重要的是，人类在征服和利用自然的过程中，不断地认识自己、发展自己。人类开始思考自己的存在意义，探究自己的内心世界，寻找自己的价值和目标。这种自我探究的过程使人类逐渐认识到自己的尊严和价值，开始追求自由、平等和正义。

在这个过程中，人类不仅发展了自己的智力和情感，还创造了丰富的文化和艺术。这些文化和艺术表达了人类对世界的理解和想象，展示了人类的创造力和精神追求。通过这种文化和艺术的创造和传承，人类逐渐形成了共同的价值观和道德规范，构建了复杂而多样的社会结构。

因此，从本质上说，人类发展史是人的解放、人的发展的历史。这个过程不仅包含了人类对自然的征服和利用，更包含了人类对自身的探究和完善。这种自我探究和完善的过程使人类逐渐实现了自身的解放和发展，推动了人类社会的进步和发展。

（2）历史是由现实中的人所创造的。历史舞台上留下了众多各具特色的历史人物，如秦始皇、汉武帝、唐太宗、李时珍、谭嗣同等，他们以各自的形象鲜活地展现了历史的风貌。同时，历史也记录了许多悲欢离合的真实故事，这些故事带领我们穿越时空，深入历史的长河，感受其脉搏的跳动。

在领略历史的魅力的同时，我们也能感受到历史的变迁。历史人文素材的丰富性源于它是人类的历史，而历史人文素材之所以具有感染力，是因为它源于历史人物的典型化。

（3）历史是人类睿智的化身，它记录了人类在漫长岁月中不断探索、创新和发展的历程。人类历史的发展进程，不仅体现了人类对世界的认知和理解的不断深化，也浓缩着人类的创新意识、能力和创新精神。

在这个进程中，人类不断地挑战旧有的观念和规则，以创新的方式解决问题，开创新的领域。从科技的进步到文化的繁荣，从社会制度的变革到人类思想的进步，都离不开创新意识、创新能力和创新精神的驱动。

创新意识是指人类在面对问题时，不满足于现状，不墨守成规，而是敢于提出新的想法、新的方案，勇于探索未知的领域。这种创新意识推动着人类不断地向前发展，不断地突破自我，实现自我价值。

创新能力是指人类在实践中能够灵活运用知识，善于发现问题、解决问题，勇于创新。这种创新能力使得人类在面对复杂的问题时，能够以独特的方式解决问题，开创新的局面。

创新精神则是指人类在追求创新的过程中，不畏艰难，不怕失败，敢于挑战权威，勇于接受挑战。这种创新精神激励着人类在创新的道路上不断前行，不断追求卓越。

（三）历史的人文教育功能

历史的人文教育功能主要包括以下几方面。

1. 培养和塑造健康向上的人生观和价值观

历史学科以其丰富的人物和事件为素材，有助于学生理解什么是健康向上的人生观和价值观。通过学习历史，学生可以更深入地理解道德、伦理、社会正义等核心价值观念，从而在个人和社会层面形成积极向上的观念和行为。

2. 促进人类智慧的提升和人格养成

历史学科不仅涵盖了大量的知识信息，还涉及到人的思维、判断、决策等智慧层面的发展。通过学习历史，学生可以提高自己的思维能力和判断力，学会从多个角度看待问题，更全面地理解人类社会的复杂性和多样性。此外，历史学科还涉及众多杰出人物的事迹和思想，这些都可以作为学生人格养成的榜样和灵感来源。

3. 激发人的潜能，发挥创造力

历史学科中充满了各种创新和变革的故事，这些故事可以激励学生发挥自己的潜能，勇于创新和探索。通过学习历史，学生可以了解不同领域中的创新思维和方法，从而在自己的学习和生活中发挥创造力，推动个人和社会的发展。

二、历史教育的道德性

（一）人类对道德问题的探究

人类对道德问题的探究是一个古老而又永恒的话题。以下是对道德问题探究的一些关键方面。

1.道德的本质

道德并不是一成不变的，而是随着社会经济关系的变化而变化，同时又具有相对独立性。此外，道德也是社会经济关系的特殊意识形态的体现，反映了与之相应的社会经济关系的性质和内容。

2.道德原则与规范

道德原则和规范是指导我们行为的准则和标准。例如，公正和平等是普遍认可的道德原则，而尊重他人的权利和义务则是基本的道德规范。这些原则和规范的应用因文化和社会背景的不同而有所不同。例如，在一些文化中，尊重长辈和权威被视为重要，而在另一些文化中则更注重个人的权利和自由。

3.道德行为与决策

道德行为是指符合道德原则和规范的行为。在做出道德决策时，我们需要考虑各种因素，如后果、他人的利益、社会影响等。例如，在面对一个需要救助的陌生人时，我们需要权衡自己的安全和对他人的责任。此外，研究表明，人们在做出道德决策时往往受到情感和直觉的影响，这也表明道德行为是一种复杂的心理过程。

4.道德教育与文化传承

道德教育是传承道德价值观的重要途径。在不同的文化和社会中，道德教育的方法和内容也各不相同。例如，一些文化强调个人的自我约束和自我完善，而另一些文化则更注重社区和家庭的角色。此外，随着社会的发展和变迁，新的道德问题和挑战也不断出现，这需要我们在教育中不断更新和调整道德价值观。

5.道德与社会的关系

道德与社会密切相关，二者相互影响。一方面，社会制度、法律、传统习俗等社会因素对道德观念和实践产生影响。例如，在一些社会中，同性恋行为被视为不道德的，而在另一些社会中则被接受。另一方面，道德观念也反过来影响着社会的形成和发展。例如，在某些历史时期，平等和自由的观念推动了社会的变革和发展。

此外，随着全球化和信息化的发展，不同文化和社会之间的交流和互动日益频繁，这也带来了新的道德挑战和机遇。例如，在全球范围内面临的诸如气候变化、网络安全等共同问题需要各国共同制定和遵守全球性的道德准则。同时，信息技术的快速发展也带来了隐私、版权、网络欺凌等新的道德问题，需要我们不断更新和适应新的道德规范。

总的来说，对道德问题的探究是一个复杂而深入的领域，需要从多个角度进行论述。通过对道德本质、原则与规范、行为与决策、教育与文化传承以及与社会的关系等方面的探究，我们可以更好地理解道德在我们生活中的重要性。同时，随着社会的不断发展和变迁，我们也需要不断更新和调整我们对道德的理解。

（二）历史的道德教育功能

1.道德教育对历史传统的继承

道德教育在很大程度上是对历史传统的继承和发扬。在各个文化和历史时期，道德教育都反映了当时的社会价值观、文化传统和伦理观念。例如，在中国的古代教育中，道德教育一直是核心内容，强调的是对儒家思想的传承和实践。在欧洲，基督教的道德教育则强调的是对上帝的信仰和对他人的尊重。

这些传统的道德教育内容，在一定程度上塑造了我们的行为规范和价值观念。通过教育，我们学会了尊重长辈、待人以诚、公正公平等基本的道德原则。这些原则在我们的日常生活中起到了重要的作用，帮助我们建立和维护了良好的人际关系，同时也推动了社会的和谐发展。

2.道德教育对历史传统的突破和发展

虽然道德教育在很大程度上是对历史传统的继承，但同时它也在不断地突破和发展。随着社会的进步和变迁，道德教育的内涵和形式也在不断地更新和发展。

例如，在现代社会中，面对新的社会问题和道德挑战，如科技发展、环境保护、多元文化等，我们需要不断地更新我们的道德观念和行为准则。道德教育也需要与时俱进，不仅要传承历史传统，还要关注现实问题，引导人们正确地处理新的道德冲突和挑战。

同时，道德教育也需要注重个体的发展。在传统的道德教育中，往往强调的是对规范和准则的遵守，而忽视了个体的需求和自由。然而，在现代道德教育中，更加注重个体的发展和自由选择。我们需要在尊重个体权利的基础上，引导他们树立正确的道德观念和行为准则。

三、历史教育的情感性

（一）情感教育

情感教育的重要性体现在多个方面。首先，情感教育可以激发学生的学习热情和积极性，提高他们的学习效果。当学生对学习内容产生兴趣或感到愉快时，他们会更加投入和专注，从而取得更好的学习效果。其次，情感教育有助于培养学生的情感素养和人际交往能力。通过情感教育，学生可以学会如何正确表达自己的情感和需求，理解他人的情感和需求，从而建立良好的人际关系。最后，情感教育有助于学生的身心健康和全面发展。当学生感到被尊重、被关注和被支持时，他们的自尊心和自信心会得到提高，从而有助于他们的身心健康和全面发展。

然而，在现实中，情感教育往往被忽视或被轻视。一些教师可能更注重知识的传授和技能的培养，而忽略了情感层面的教育和引导。这可能会导致一些学生感到失落或不被重视，从而影响他们的学习效果和身心健康。因此，情感教育的实施是非常必要的。

在实施情感教育时，教师需要关注学生的情感需求和兴趣爱好，尊重学生的个性和差异，通过多样化的教学方式和手段来激发学生的学习兴趣和积极性。同时，教师也需要注重自身的情感素养和人际交往能力的提高，以便更好地引导学生建立良好的人际关系和情感素养。

（二）历史教育中的情感教育

历史学科的内容被抽去了精神和情感，只剩下干瘪的条条框框，这使得历史学习变得枯燥乏味，学生难以产生兴趣和情感共鸣。同时，由于历史学科的考核方式往往只注重记忆和背诵，而忽略了对学生理解和运用历史知识的能力的考查，这进一步加剧了历史学科的异化现象。

针对这些问题，我们可以采取一些措施来改善中学历史教育。首先，我们需要重视历史学科的情感教育功能，关注学生的情感需求和兴趣爱好，通过多样化的教学方式和手段来激发学生的学习兴趣和积极性。例如，可以运用多媒体技术呈现历史事件和人物，让学生更加深入地了解历史背景和时代特征，从而更好地理解历史。

其次，我们需要改变历史学科的考核方式，加强对理解和运用历史知识的能力的考查，同时也要关注学生的情感素养和重视提高学生的人际交往能力。只有这样，才能真正实现历史教育的目的，促进学生的身心健康和全面发展。

最后，我们也需要加强对教师的培训，提高教师的专业素养，让教师更好地理解和实施情感教育，从而更好地引导学生建立良好的人际关系和情感素养。

总之，改善中学历史教育中的情感教育问题需要多方面的努力和合作，这包括教育部门、学校、教师和学生自己。只有通过共同努力，才能真正实现历史教育的目的，促进学生的身心健康和全面发展。

四、历史教育的审美性

（一）美是人类永恒的追求

美是人类永恒的追求，这一观点在历史上和现实中都被广泛认可。美是一种主观感受，每个人对美的定义和标准可能不同，但人们对美的追求却是普遍存在的。

从历史上看，人类对美的追求可以追溯到古代文明时期。如古埃及人建造了宏伟的金字塔和雕塑，古希腊人创造了美丽的建筑和雕塑，中国古代的瓷器和纺织品展现的精湛的工艺等都是对美学的追求。这些艺术作品不仅展示了人类对美的独特感受和表达方式，也反映了人类对美的永恒追求。

在现代社会中，人们对美的追求也依然存在。时尚、美容、艺术等领域不断发展，人们通过各种方式来表达自己对美的理解和追求。无论是穿衣打扮、化妆美容，还是欣赏艺术作品、参与文化活动，都是人们追求美的方式。

美不仅存在于外在的物质世界中，也存在于人们内在的精神世界中。人们对美的追求不仅是对于外表的关注，更是对于内心世界的探索和表达。人们在文学、音乐、电影等艺术形式中寻找美，也在哲学、心理学、社会学等领域中探讨美的本质和价值。

（二）历史中的美与美育功能

通过学习历史，我们可以了解不同时期、不同地域、不同文化的美的表现形式，从而培养我们对美的感知和鉴赏能力。例如，古埃及的金字塔、古希腊的雕塑、中国的瓷器等都是历史长河中的瑰宝，它们以独特的艺术形式和深邃的文化内涵展现了不同时期人们对美的理解和追求。同时，历史也记录了人类在追求美的过程中所付出的努力和创造的精神文明。

在历史教育中，通过引导学生欣赏这些美的作品，可以培养他们对美的感知和鉴赏能力，进而激发他们的审美情趣和创造力。此外，历史教育还可以帮助学生了解社会发展的规律和人类文明的进程，从而更好地理解人类对美的追求和创造的历史背景和文化内涵。

历史学科的美育目标能否实现，关键在于教师能否有效地引导学生发现和感受历史的美，从而发挥历史学科内在的美育功能。

首先，教师需要具备对历史学科美育资源的敏感性和发掘能力。他们需要深入研究历史，发现其中蕴含的美育元素，并能够将这些元素融入教学过程中。例如，教师可以引用生动的历史故事、精美的历史文物图片、富有艺术感的古代建筑等，来吸引学生的注意力，让他们感受到历史的魅力。

其次，教师需要引导学生主动参与历史学习，发挥他们的主体性。只有当学生真正参与到历史学习中，才能更深刻地体验和感受历史的韵味。教师可以组织学生进行关于历史人物的角色扮演、进行历史事件的讨论、开展历史课题的研究等活动，让学生从不同角度去发现和体验历史的魅力。

最后，教师需要培养学生的审美情趣和创造力。在历史学习中，学生不仅能够感受到历史的魅力，也能够培养自己的审美情趣和创造力。教师可以通过引导学生欣赏历史文物、了解历史文化、参与历史活动等方式，让学生感受到历史的韵味，并能够将这种感受转化为自己的审美情趣和创造力。

五、历史教育的世俗性

（一）日益走向百姓、走向生活的历史

在我国古代，史学与史家被赋予了极高的地位。在先秦时期，史官和巫师因他们的特殊身份与职责，基本上属于统治决策的核心层。然而，自秦汉以后，史学逐渐发展成为一门独立的学科，史家也逐渐脱离政治决策圈而成为独立的社会角色。尽管如此，史学仍然主要服务于政治需求。编修历史的目的是满足政治统治的需要，而阅读历史则是为了治理国家、实现天下太平。在我国古代，官修正史的传统深入人心。因此，研究历史和阅读历史被视为统治阶级的义务和权利。中华人民共和国的成立为人民性的历史实现提

供了发展契机。然而，由于过度强调历史的政治教育功能，历史与广大人民群众的实际生活仍有较大距离。在最新的基础教育课程方案中，强调了"经济与社会生活"这一主题，进一步凸显了历史教育的"大众化""生活化"理念。这表明历史教育的理念正在发生转变。

此外，我们也可以将这个问题视为一个全新的视角和领域，用于学习和研究历史。有人认为，观察中国近现代历史发展进程，仅从人的发型变化中就能得到反映。自中华人民共和国成立以来，特别是改革开放以来，我们所经历的变化不仅仅是表面上的个性张扬和释放。这些变化实际上是更深层次的历史发展反映。因为它们已经由社会的政治经济层面深入到人的灵魂，进而演变成人的行为习惯。

（二）不同的人会有不同的历史

不同的人会有不同的历史。每个人都是一个独特的个体，拥有自己的经历、背景和观点。因此，每个人对历史的解读和认知都是不同的。

首先，个人的经历和背景会对历史认知产生影响。不同的人生活在不同的时代、地域和文化背景中，他们的生活经历和成长环境也不同。这些因素会影响他们对历史的看法和认知，使得每个人对历史的解读都带有个人印记。

其次，个人的价值观和信仰也会影响历史认知。不同的人有不同的价值观和信仰，这些因素会影响他们对历史的评价和判断。例如，对于某些历史事件，某些人可能认为它是积极的，而另一些人则可能认为它是消极的。

最后，个人的知识和理解能力也会影响历史认知。不同的人有不同的知识水平和理解能力，他们对历史事件的理解和解释也会有所不同。例如，某些历史事件可能对某些人来说难以理解，而对于另一些人来说则更容易理解和接受。

另外，不同的人群和阶层对历史的需要是不同的。以下是一些可能的对应关系。

1.政治家和统治者

政治家和统治者需要利用历史来为自己的决策和政策提供借鉴和依据。他们研究历史，以便更好地了解过去政治和统治的经验和教训，从而在当今的治理中做出更明智的决策。历史也为他们提供了维护统治和政治稳定的工具。

2.学者和研究者

学者和研究者是专门研究和解释历史的人群。他们通过对历史事件、人物和文化的研究，揭示历史发展的规律和趋势，从而为现代社会提供启示和建议。学者们还通过传播历史知识和思想，推动文化传承和发展。

3.普通民众

普通民众对历史的需要和历史所发挥的作用可能最为复杂多样。他们可能通过学习历史来了解自己的文化和族群背景，以增强文化认同感和社会归属感。历史也可能成为他们娱乐和消遣的方式，例如通过阅读历史小说、观看历史剧等来满足对故事情节和文化内涵的需求。

4.教育机构

教育机构将历史作为重要的学科之一，通过传授历史知识和培养学生的历史意识，帮助他们形成正确的世界观和历史观。历史教育有助于培养学生的批判性思维、分析和解决问题的能力，同时也有助于弘扬民族精神。

第二节　历史教育的功能

历史教育具有多种功能，对于促进个人发展和社会进步具有重要意义。通过历史教育，人们可以传承文化知识、弘扬民族精神、培养公民意识、促进经济发展和提高人文素质。因此，我们应该重视历史教育的作用和价值，不断加强历史教育的实施和推广工作。

```
┌─────────────────┐
│   历史教育的功能  │
└────────┬────────┘
         │
         ├──────┤ 传承文化知识 │
         │
         ├──────┤ 弘扬民族精神 │
         │
         ├──────┤ 培养公民意识 │
         │
         ├──────┤ 促进经济发展 │
         │
         └──────┤ 提高人文素质 │
```

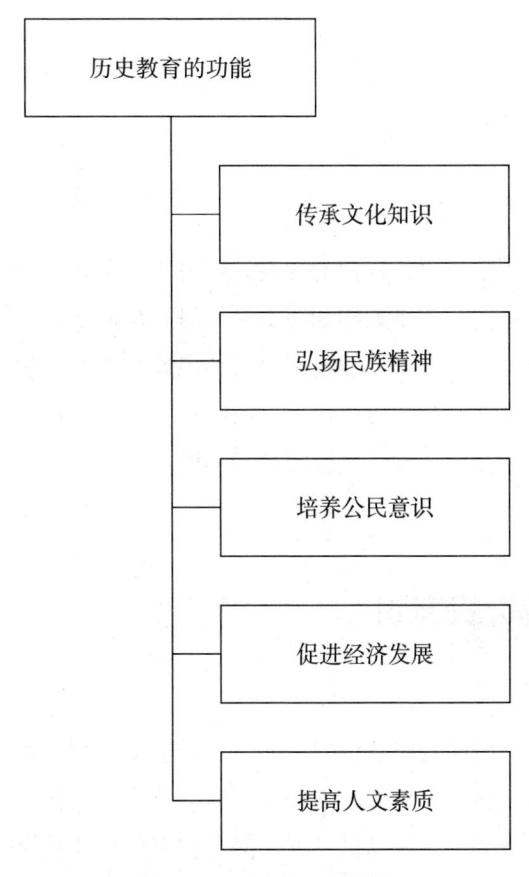

图2-1　历史教育的功能

一、传承文化知识

历史教育首先具有传承文化知识的功能。通过历史教育，人们可以了解人类文明的发展历程和成果，包括政治、经济、文化、科技等方面的知识。

这些知识是人们认识和理解社会的基础，也是人们在社会生活中所必需的。历史教育通过传授这些知识，帮助人们更好地适应社会生活，同时也为人类文明的延续和发展做出了贡献。

二、弘扬民族精神

历史教育具有弘扬民族精神的功能。通过历史教育，人们可以了解自己所属民族的传统文化、英雄人物和历史事件等，从而增强民族自豪感和认同感。这种认同感可以激发人们的爱国热情和民族自尊心，使人们更加珍惜自己的文化传统和民族精神的历史传承。同时，历史教育也可以促进不同民族之间的相互了解和交流，增进民族团结和和谐。

三、培养公民意识

历史教育具有培养公民意识的功能。通过历史教育，人们可以了解国家的发展历程和民主制度，从而增强公民的参与意识和责任感。历史教育可以帮助人们树立正确的价值观和世界观，使人们更加关注社会公共利益和国家利益，更加积极地参与社会公共事务和国家建设。同时，历史教育也可以帮助人们更好地理解和遵守国家法律和制度，增强公民的法律意识和道德观念。

四、促进经济发展

历史教育具有促进经济发展的功能。通过历史教育，人们可以了解市场经济的规律和特点，从而更好地适应市场经济的发展。历史教育可以帮助人们了解经济发展的历程和趋势，使人们更加理性地制定经济发展战略和决策。同时，历史教育也可以培养人们的创新意识和创业精神，促进经济的发展和创新。

五、提高人文素质

历史教育具有提高人文素质的功能。通过历史教育，人们可以了解人类文明的演进和发展过程，从而更好地理解人类社会的复杂性和多样性。历史教育可以帮助人们树立正确的人生观和价值观，使人们更加关注人类社会的进步和发展。同时，历史教育也可以培养人们的审美情趣和艺术鉴赏能力，提高人们的人文素质和文化修养。

第三节 历史教育的目标

历史教育的目标应该是多方面的，它不仅包括培养学生的历史意识、文化素养和思维能力等核心目标，还应该包括培养学生的全球视野、创新精神和实践能力等拓展目标。通过实现这些目标，我们可以提高学生的综合素质和能力水平，培养出具备全面素养的优秀人才。历史教育的目标如图2-2所示。

```
历史教育的目标
├── 培养学生的历史意识
├── 提高学生的文化素养
├── 发展学生的思维能力
├── 增进学生的社会责任感
├── 培养学生的全球视野
└── 培养学生的创新精神和实践能力
```

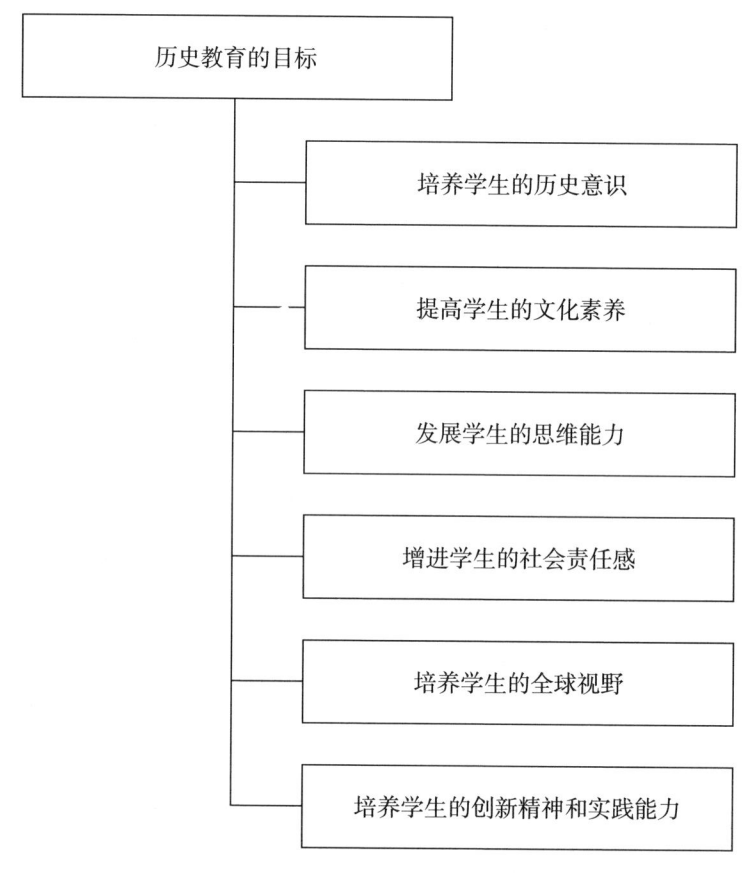

图2-2 历史教育的目标

一、培养学生的历史意识

历史教育的首要目标是培养学生的历史意识。历史意识是对历史事件、人物和现象的认知、理解和评价的能力，它要求学生能够站在历史的角度去审视和思考问题。通过历史教育，学生应该能够掌握基本的历史知识和技能，理解历史发展的脉络和规律，形成正确的历史观念和态度。他们也应该能够运用历史知识分析和解决现实问题，具备辨别是非、善恶、美丑的能力。

二、提高学生的文化素养

历史教育的一个重要目标是提高学生的文化素养。通过学习历史，学生可以了解人类文明的演进和发展过程，认识不同国家和民族的文化传统和价值观。这有助于学生拓宽视野，增强学生对多元文化的认识和理解，提高学生跨文化交流的能力。同时，历史教育也可以培养学生的审美情趣和艺术鉴赏能力，提高他们的文化修养和人文素质。

三、发展学生的思维能力

历史教育应该通过引导学生探究历史事件、人物和现象，培养他们的逻辑思维、批判性思维和创新思维等能力。以下是一些发展学生思维能力的方法（图2-3）。

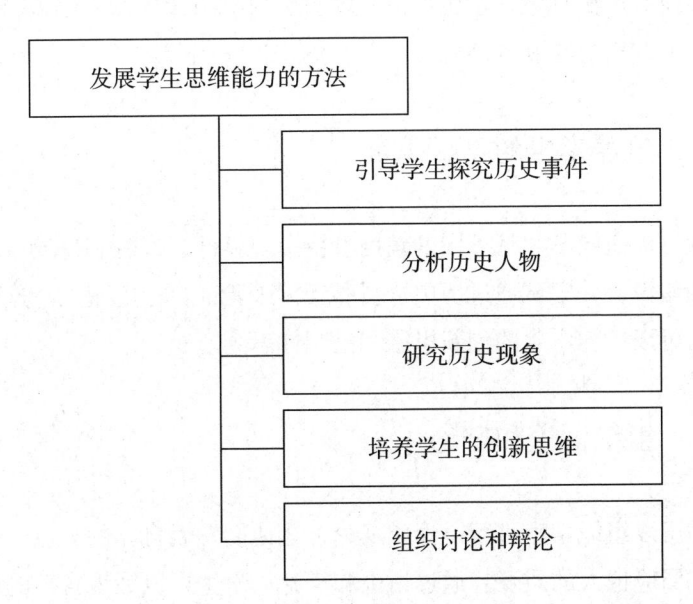

图2-3 发展学生思维能力的方法

（一）引导学生探究历史事件

教师可以引导学生探究具体的历史事件，如一个战争的起因、过程和结果，一个政治体制的建立和发展等。通过探究历史事件，学生可以了解历史事件的背景、原因、经过和结果，从而培养他们的逻辑思维和批判性思维。

（二）分析历史人物

教师可以引导学生分析历史人物的行为、思想和影响等。通过分析历史人物，学生可以了解历史人物的特点、动机和影响，从而培养他们的批判性思维和创新思维。

（三）研究历史现象

教师可以引导学生研究历史现象，如一个时期的文化、经济或社会现象等。通过研究历史现象，学生可以了解历史现象的背景、特点和影响，从而培养他们的逻辑思维和创新思维。

（四）培养学生的创新思维

教师可以引导学生从不同的角度看待历史事件、人物和现象，提出自己的见解和假设，并尝试通过历史资料和证据来验证自己的观点。这种探究式学习方式可以培养学生的创新思维和批判性思维。

（五）组织讨论和辩论

教师可以组织学生进行讨论和辩论，让他们发表自己的观点、论证自己的立场并回应他人的质疑。通过讨论和辩论，学生可以锻炼自己的语言表达和逻辑思维能力，同时也可以从他人的观点中获得新的启示和思考。

四、增进学生的社会责任感

历史教育应该帮助学生了解国家的发展历程和民主制度，理解国家和社会的关系，认识到自己作为公民的责任和义务，从而培养他们的爱国情怀和社会责任感。以下是一些增进学生社会责任感的方法（图2-4）。

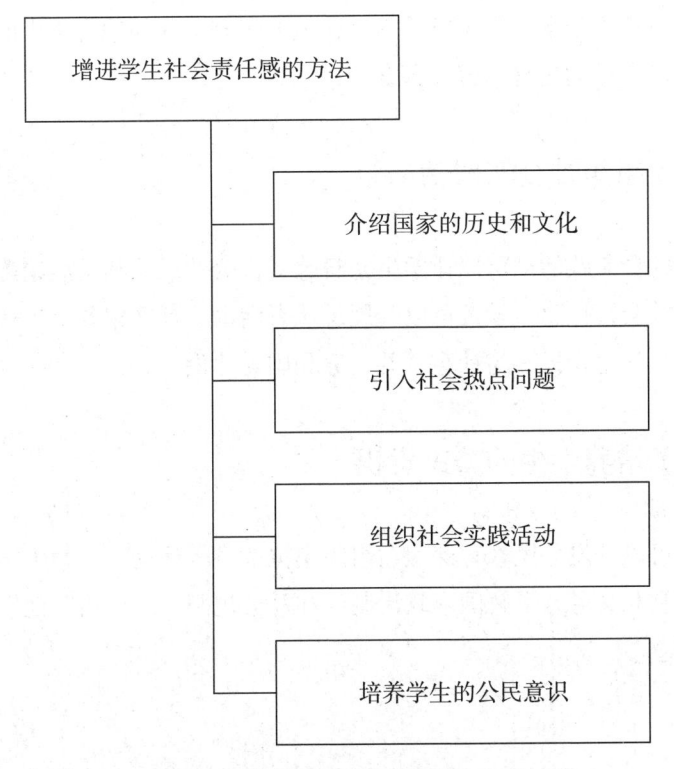

图2-4 增进学生社会责任感的方法

（一）介绍国家的历史和文化

在历史教学中，介绍国家的历史和文化可以帮助学生了解国家的发展历程和传统文化，从而培养他们的爱国情怀和社会责任感。教师可以介绍国家的重要历史事件、人物和文化遗产等，引导学生探究国家的历史和文化传承，以及它们对当代社会的影响和意义。

（二）引入社会热点问题

在历史教学中，引入社会热点问题可以帮助学生了解社会现状和发展趋势，从而培养他们的社会责任感。教师可以引导学生讨论社会热点问题，如环境保护、社会公平、国家发展等，让他们了解这些问题与历史的联系和影响，并提出自己的见解和解决方案。

（三）组织社会实践活动

组织社会实践活动可以让学生亲身感受社会的现状和发展趋势，从而培养他们的社会责任感。学校可以开展志愿者活动、社区服务、支教等社会实践活动，让学生积极参与社会公共事务和国家建设。

（四）培养学生的公民意识

学校可以开设公民教育课程、组织模拟选举等活动，让学生学习如何行使公民权利和义务，了解国家政治制度和社会规则，从而培养他们的公民意识和责任感。

五、培养学生的全球视野

培养学生的全球视野是历史教育的目标之一。全球视野是指学生对全球历史、文化、社会和政治体系的认知和理解，以及他们具备的全球意识和国际视野。

在历史教育中，培养学生的全球视野可以帮助他们更好地理解全球化的进程和趋势，以及不同地区、不同国家的历史和文化。

以下是一些培养学生全球视野的方法（图2-5）。

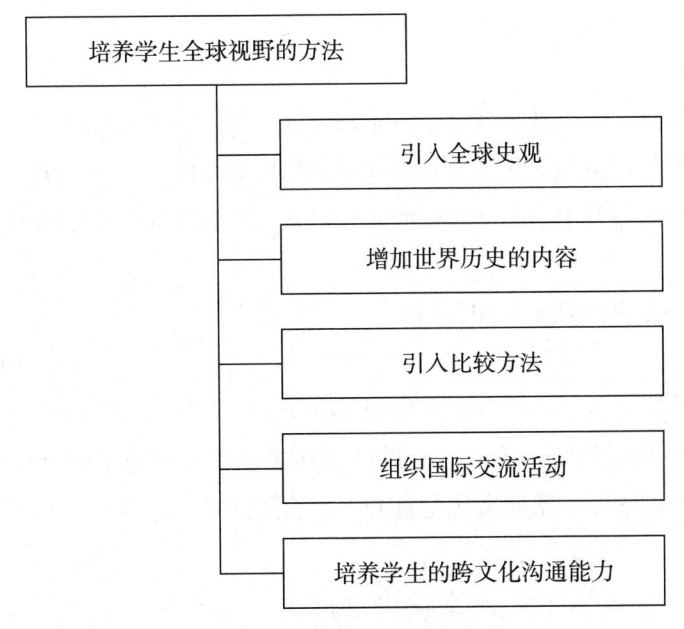

```
培养学生全球视野的方法
├── 引入全球史观
├── 增加世界历史的内容
├── 引入比较方法
├── 组织国际交流活动
└── 培养学生的跨文化沟通能力
```

图2-5　培养学生全球视野的方法

（一）引入全球史观

在历史教学中，引入全球史观可以帮助学生从全球的角度看待历史，理解不同地区、不同国家的历史和文化。教师可以介绍全球史的研究方法和视角，引导学生阅读与全球史相关的书籍和文章，或者组织相关的讨论和探究活动。

（二）增加世界历史的内容

在历史课程中，增加世界历史的内容可以让学生了解全球不同地区、不同国家的历史和文化。教师可以介绍世界历史的重要事件、人物和文明，引导学生探究世界历史的发展脉络和特点，以及世界历史对当代社会的影响和意义。

（三）引入比较方法

用比较方法可以帮助学生了解不同地区、不同国家的历史和文化之间的异同点。教师可以引导学生比较不同国家的历史事件、文化传统和社会制度等，让他们发现其中的相似之处和差异之处，并尝试分析其原因和影响。

（四）组织国际交流活动

组织国际交流活动可以让学生亲身感受不同文化之间的差异和共性。学校可以开展国际交换生项目、组织学生参加国际会议或论坛等，让学生有机会与来自不同国家、不同文化背景的人交流和学习。

（五）培养学生的跨文化沟通能力

培养学生的跨文化沟通能力是培养学生全球视野的重要一环。学校可以开设跨文化沟通课程、组织模拟联合国等活动中，让学生学习如何与来自不同文化背景的人进行交流和合作。

六、培养学生的创新精神和实践能力

历史教育不应仅使学生掌握基本的历史知识和技能，还应培养他们的创新思维和实践能力。

在培养学生的创新精神方面，历史教育可以通过以下方式实现。

第一，鼓励学生对历史事件、人物和现象进行独立思考和质疑。教师应该引导学生主动探究历史问题，提出自己的见解和假设，并尝试通过历史资料和证据来验证自己的观点。这种探究式学习方式可以培养学生的创新思维和批判性思维。

第二，引入创新性的教学方式和方法。教师可以运用多媒体、网络等信息技术手段，创新教学方式，增强学生对历史的理解和兴趣。例如，可以采用角色扮演、模拟历史事件、进行历史辩论等形式，让学生从不同的角度了解历史。

第三，鼓励学生参与历史研究活动。教师可以引导学生进行课题研究、撰写小论文等，让他们通过收集、整理、分析历史资料，培养创新思维和实践能力。

在培养学生的实践能力方面，历史教育可以通过以下方式实现。

第一，组织实践活动，如参观历史遗址、博物馆等，让学生亲身感受历史的魅力，增强学生对历史的直观认识。

第二，鼓励学生参与社会实践和志愿者活动，让他们了解历史文化遗产的保护和传承工作，培养实践能力和社会责任感。

第三，开展模拟历史法庭、历史剧场等活动，让学生通过扮演历史角色、模拟历史事件的过程，培养实践能力和表演技能。

通过培养学生的创新精神和实践能力，历史教育不仅可以提高学生的综合素质和能力水平，还可以为他们的未来发展奠定坚实的基础。

第四节　历史教育的任务

一、历史教育的基本任务

历史教育的基本任务主要包括智育、德育和美育三个方面（图2-6）。智育的主要目标是传授历史基础知识，并培养学生的历史认识能力，包括批判性思维、分析推理能力和问题解决能力等。这些基本技能不仅在历史学科中至关重要，也能帮助学生应对生活中的各种挑战。德育的核心任务则是将一定的政治思想观点和道德观念转化为学生的个体思想意识和道德品质。这意味着要帮助学生理解和接受民主、自由、平等、公正等价值观，并形成良好的道德观念和行为习惯。美育则着重培养学生的历史审美感、审美观点和审美能力，并鼓励他们表达美、创造美。通过了解历史上的文化艺术遗产，可以培养学生对美的感知和理解，并形成自己的审美观点。同时，学生也可以通过写作、演讲、绘画、制作艺术品等方式来表达他们对美的理解和创造。

总体来说，历史教育中的智育、德育和美育任务是相互补充、相互促进的，旨在实现学生的全面发展，培养他们的知识素养、道德品质和文化艺术素养。

图2-6 历史教育的基本任务

（一）智育

1.传授历史基础知识

历史基础知识是历史学习的基石，包括历史事件、人物、时期和概念等方面的知识。通过课堂教学、阅读历史文献和参与讨论，学生可以获得这些基础知识。教师需要采用多种教学方法，如讲解、讨论、案例分析等，来帮助学生理解和记忆历史基础知识。

2.提高历史认识能力

历史认识能力是指学生对历史事件、人物和时期的深入理解和分析能力。这需要学生具备批判性思维和分析推理能力。教师可以通过引导学生阅读相关历史文献、分析历史事件的影响和背景,以及评估历史人物的行为和思想等方法,来培养学生的历史认识能力。

3.培养历史学科基本技能

历史学科基本技能包括阅读理解、批判性思维、分析推理和问题解决能力等。这些技能的应用不仅限于历史学科,也有助于学生在其他学科和日常生活中取得成功。例如,学生可以运用阅读理解能力来理解历史文献,运用批判性思维和分析推理能力来评估历史事件的影响和背景,运用问题解决能力来解决与历史有关的问题。

(二)德育

1.政治思想观点的转化

历史教育应通过引导学生对历史事件和人物的理解,培养他们的政治观念和思想观点。这可能包括对民主、自由、平等、公正等价值观的理解和接受。教师可以通过讲解历史事件和人物的行为和思想,引导学生分析和评估这些价值观在当时社会的影响和意义,从而培养他们的政治观念和思想观点。

2.道德观念的转化

历史教育也可以通过具体的历史人物和事件,引导学生形成良好的道德品质,如诚实、勇敢、公正和责任感等。例如,通过讲解历史人物的行为和思想,教师可以引导学生理解这些人物所体现的道德品质,从而培养他们良好的道德观念。

3.个体思想意识和道德品质的形成

德育的最终目标是帮助学生形成正确的思想意识和道德品质,这需要在教师的引导下,通过讨论和实践来实现。例如,教师可以组织学生进行小组讨论或角色扮演,以加深学生对历史事件和人物的理解,同时培养他们的思想意识和道德品质。

（三）美育

1.培养历史审美感

通过学习历史上的文化艺术遗产，可以培养学生对美的感知和理解，形成自己的审美观。例如，通过欣赏古代艺术作品或现代文化表现形式，学生可以感受到不同时期和文化背景下的美的表达方式。

2.培养审美观点

通过了解不同文化背景下的艺术形式和风格，学生可以形成多元化的审美观点，避免审美偏见。例如，通过了解西方艺术和中国传统艺术的不同特点，学生可以形成更加包容和多元的审美观点。

3.培养审美能力

历史教育应培养学生的艺术鉴赏能力，让他们能够欣赏和理解历史上的艺术作品，理解其背后的历史和文化含义。例如，通过讲解艺术作品的历史背景和文化内涵，教师可以帮助学生更好地理解和欣赏艺术作品。

4.培养表达美、创造美的才能

历史教育不仅应引导学生欣赏美，还应鼓励他们表达美和创造美。学生可以通过写作、演讲、绘画、制作艺术品等方式，表达他们对美的理解和创造。例如，教师可以组织学生参加写作比赛或艺术展览等活动，以鼓励他们表达美和创造美。

二、完成历史教育任务的途径

为了完成历史教育的智育、德育、美育等基本任务，需要在教学内容、教学组织、教学渠道、教学方法和教学手段各个方面进行变革（图2-7）。

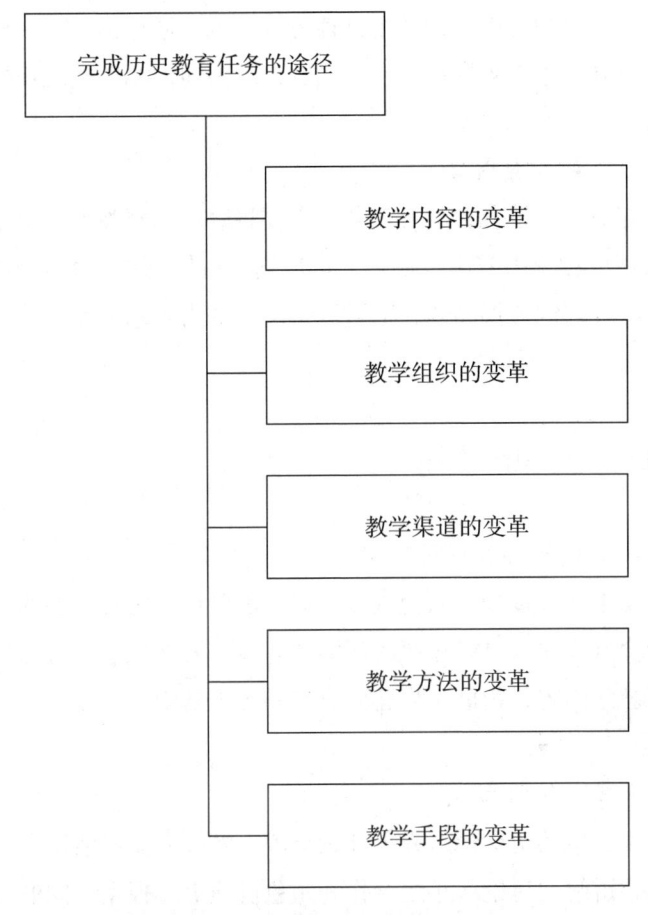

图2-7 完成历史教育任务的途径

（一）教学内容的变革

1.精选历史基础知识

为了使学生能够更好地掌握历史基础知识，需要根据学生的年龄和认知水平，精选重要的历史事件、人物和时期作为教学内容。还需要注重历史知识的系统性和连贯性，帮助学生建立完整的历史知识体系。

2.强调历史认识能力的培养

在传授基础知识的同时，需要引导学生深入理解历史事件的原因、影响和背景，培养学生的历史意识和批判性思维。可以通过提问、讨论、案例分析等方式，引导学生思考和探究历史问题，提高他们的历史认识能力。

3.融入德育和美育内容

为了更好地完成德育和美育任务，需要将政治思想观点、道德观念和审美教育融入历史教学内容中。例如，可以通过讲解历史人物的事迹和精神，引导学生形成良好的道德品质；通过欣赏历史文物和艺术品，培养学生的审美能力。

（二）教学组织的变革

1.合理安排教学内容顺序

为了使学生能够逐步深入地理解历史，需要根据历史发展的脉络，合理安排教学内容的顺序。可以按照时间顺序、事件发展顺序、人物活动顺序等线索，组织教学内容，帮助学生建立完整的历史框架。

2.多样化教学组织形式

为了激发学生的历史学习兴趣和参与度，教师需要灵活运用多种教学组织形式，包括讲解、讨论、小组合作和角色扮演等。根据不同的教学内容和教学目标，选择适宜的教学组织形式，可以使学生更加积极地参与到历史学习中来，提高他们的学习效果。

3.重视课堂互动

为了培养学生的交流和表达能力，需要重视课堂互动。可以鼓励学生在课堂上提问、讨论和发表观点，通过讨论和交流，提高学生的思考能力和理解能力。也可以通过小组合作等方式，培养学生的团队合作能力。

（三）教学渠道的变革

1.充分利用课堂教学

课堂教学是历史教学的主要渠道之一，可以通过课堂教学系统地传授历史知识，引导学生深入思考和理解历史。可以通过多媒体技术、实物展示等方式，丰富课堂教学内容，提高学生的学习兴趣和参与度。

2.拓展课外学习渠道

除了课堂教学之外，还需要拓展课外学习渠道。例如，可以利用博物馆、图书馆、网络等资源，组织学生进行课外学习和探究，拓宽他们的历史视野。还可以通过历史剧表演、制作历史文物模型、参观历史文化遗址等方式，增强学生的实践能力和创新意识。

（四）教学方法的变革

1.运用启发式教学

为了培养学生的自主学习能力，需要运用启发式教学。可以通过问题引导、情境创设等方式，启发学生思考和探究，引导学生自主解决问题。还需要注重培养学生的思维能力和创新能力，鼓励他们提出新的观点和想法。

2.采用多样化教学方法

为了提高教学效果，需要采用多样化教学方法。例如，可以采用讲解法、讨论法、案例分析法、小组合作法等多种教学方法，根据不同的教学内容和教学目标选择合适的方法。

（五）教学手段的变革

1.利用多媒体技术

为了丰富教学内容和提高学生的学习兴趣和参与度，需要利用多媒体技术，例如通过图片、音频、视频等多媒体手段呈现历史事件和人物形象，还可以利用多媒体技术制作历史纪录片、历史文献资料等,以帮助学生更好地了解历史事件的发生背景及帮助学生培养时空观念等诸多能力,并激发学生对历史的探究兴趣。除此之外,利用多媒体技术还可以创设虚拟场景让学生置身其中进行换位思考等,更能够调动学生学习历史的热情与积极性,让其更好地参与到课堂讨论中来,提高其探究能力与实践能力,进而提高其创新能力。

2.开展网络辅助教学

网络辅助教学可以为学生提供更加灵活、便捷的学习方式,同时也可以为教师提供更加高效、精准的教学手段。在历史教育中,网络辅助教学可以发挥以下作用。

(1)拓展教学内容

通过网络平台,教师可以分享更加丰富、多元化的教学内容,包括文字、图片、音频、视频等各类资源。这不仅可以帮助学生更好地了解历史事件和人物,还可以拓宽他们的视野,提高其综合素质。

(2)增强互动交流

网络平台可以为学生和教师提供更加便捷的互动交流渠道。例如,学生可以在网络上提出问题、发表观点、分享学习心得等,教师可以及时回答问题、给予指导、分享教学资源等。这种互动交流可以激发学生的学习兴趣和参与度,提高他们的自主学习能力。

(3)提高教学效果

通过网络教学平台,教师可以获得更为精准和及时的教学反馈与评估,全面掌握学生的学习进度和需求,据此灵活调整教学策略和方法,从而显著提升教学质量和效果。

3.创新实践教学手段

实践教学可以帮助学生更好地理解历史事件和人物,培养他们的实践能力和创新意识,提高他们的综合素质。以下是几种创新实践教学手段的建议。

(1)历史剧表演

通过引导学生编排和表演历史剧,可以帮助学生深入了解历史事件和人物,培养他们的表演和团队合作能力。教师可以为学生提供相关的历史背景和剧本,同时也可以指导学生进行表演和排练。

(2)制作历史文物模型

通过制作历史文物模型,可以帮助学生了解历史文物的特点和价值,培养他们的动手能力和创新意识。教师可以为学生提供相关的材料和指导,同时也可以引导学生进行自主设计和制作。

(3)参观历史文化遗址

通过参观历史文化遗址,可以帮助学生深入了解历史事件和人物所处的环境和氛围,培养他们的观察能力和思考能力。教师可以为学生提供相关的背景知识和导览,同时也可以引导学生进行自主探究和学习。

(4)开展历史主题的社会实践活动

通过组织学生开展历史主题的社会实践活动,可以帮助学生了解社会问题和矛盾,培养他们的社会责任感和实践能力。教师可以为学生提供相关的主题和实践方案,同时也可以引导学生进行自主组织和实施。

第三章 历史教学

历史教学旨在培养学生的历史意识，提高他们的历史文化素养，以及形成正确的历史观和价值观。本章即对历史教学的模式、过程、原则、设计与评价，以及历史教学资源的开发与利用进行简要研究。

第一节　历史教学模式与教学方法研究

一、历史教学模式

概括来说，历史教学的模式主要包括以下几种（图3-1）。

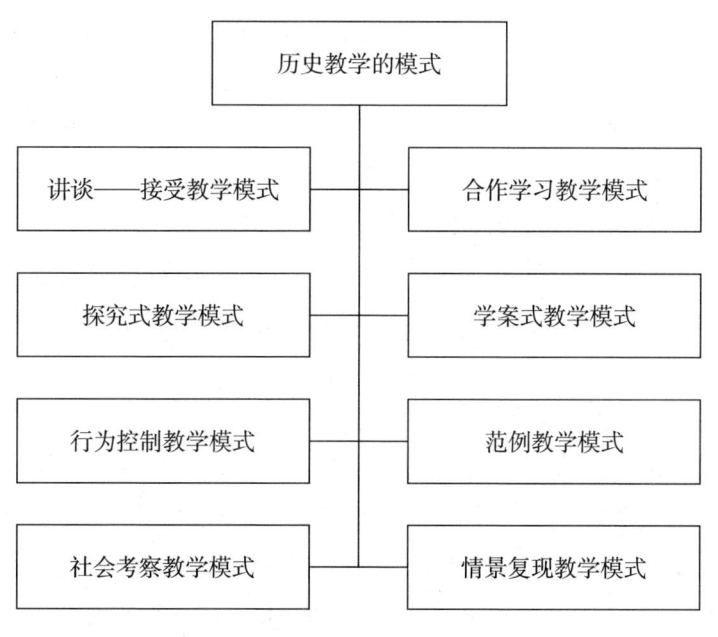

图3-1　历史教学的模式

（一）讲谈——接受教学模式

1.讲谈——接受教学模式的含义

历史教学的讲谈——接受教学模式主要是以教师为中心，强调教师的讲解和学生的接受。在授课过程中，教师会运用生动形象的语言来阐述历史概念，描绘历史事件，揭示历史发展的内在规律，系统地把历史知识传授给学生。同时，教师也会结合与学生的互动谈话，形成教与学的双向反馈，从而帮助学生掌握基本的历史知识，并培养他们的历史思维能力。这种教学模式虽然具有一定的有效性，但是需要教师在教学过程中注意平衡教师的讲解和学生接受之间的关系，充分发挥学生的主体作用，提高学生的历史学习效果。

此教学模式的功能目标在于通过师生间的对话交流，引导学生发现不同历史知识点之间的内在联系，并在这些联系的基础上复习已学的知识，获得新的认识，逐步构建自己的历史知识体系。这种模式有助于学生深入理解历史，培养他们的历史意识和历史思维能力。

讲谈——接受教学模式在历史教学中具有积极作用，能够系统地传授历史知识，同时培养学生的历史思维能力和知识联系能力。然而，为了更好地实现这些目标，教师需要持续改进和调整教学方式和方法，确保教学内容的连贯性和系统性，同时关注学生的反馈和需求。

此外，为了促进学生的积极参与和深度思考，教师可以采用多种教学策略，如小组讨论、案例分析、角色扮演等。这些活动可以帮助学生更好地理解和应用所学的历史知识，同时培养他们的合作学习和解决问题的能力。

2.讲谈——接受教学模式的优缺点

（1）讲谈——接受教学模式的优点

①能够以高效、系统化的方式传递信息，使学生能够全面、准确地掌握历史知识。

历史涵盖广泛，内容丰富，知识量大且系统性强。与其他教学模式相比，历史教学更倾向于通过教师的系统性口头讲述来传递信息，这种方式可以在短时间内帮助学生全面掌握历史学习内容，理解历史事件之间的相互关联。

②使课堂具有更好的可控性。

教师可以在课堂上自主掌控讲解的内容、深度和方式，根据学生的学习情况和反馈，灵活调整教学策略，确保达到教学目标和完成教学任务。通过观察学生的反应和提问，教师能够及时发现问题，对教学内容、方法和进程进行相应的调整，以适应学生的需求和提高教学效果。这种灵活性和可控性使得教师能够更好地引导学生掌握知识，提高学生的学习效果。

（2）讲谈——接受教学模式的缺点

除了具有以上优点外，讲谈——接受教学模式也存在一定的缺点，概括来说主要包括以下几方面。

第一，这种教学模式往往难以兼顾学生之间的个体差异，使得因材施教变得困难。每个学生都有不同的学习需求，而这种教学模式通常采用统一的教学内容和进度，无法满足不同学生的个性化需求，容易使部分学生感到困惑或厌烦，或使学生感到无聊，或无法跟上进度。

第二，在这种教学模式下，教师往往只单向地向学生传递信息，这容易造成教师机械地讲授、单纯地传递，而学生则处于被动接受的状态，他们的主动性逐渐丧失，对学习历史的兴趣也会逐渐衰减。这种教学方式限制了学生的思考能力和探究精神，使得学生往往只是机械地记忆和重复教师所讲授的内容，而无法真正理解历史知识的内涵和价值。

第三，如果不适当地使用这种教学模式，会导致学生在课堂上多数时间都在倾听或忙于记笔记，很少有机会去思考和自我探究，学习的主动性得不到发挥，相互之间的沟通交流也会受到阻碍。这种教学方式容易使学生养成一种被动的学习方式，缺乏主动思考和探究的能力，不利于学生的长远发展。

3.讲谈——接受教学模式的基本程序

这一模式的活动程序如图3-2所示。

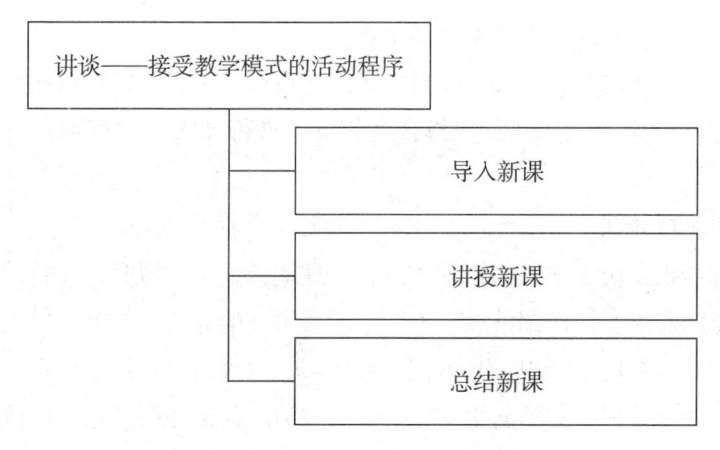

图3-2 讲谈——接受教学模式的活动程序

（1）导入新课

导入新课是教师引导学生在新的教学内容或教学活动开始时，从非学习状态逐渐进入学习状态的一种重要教学策略。教师创设情境，导入新课有助于帮助学生做好心理上和知识上的必要准备，激发学生的学习兴趣和好奇心，从而使学生更好地理解和掌握新知识。以下是几种常见的导入新课的方式。

①温故知新法

通过复习已学过的知识引出新的教学内容，帮助学生将新旧知识联系起来，促进知识的系统化。

②直观演示法

通过展示文物、模型、图表或观看影视片段、幻灯片等活动方式，引导学生观察并思考相关问题，激发他们的学习兴趣和好奇心。

③悬念置疑法

通过设置疑问和悬念，引导学生进入新的教学内容，激发他们的求知欲和探究心理，促使他们积极思考和探索问题。

④线索概述法

通过对教学内容进行宏观概括和简单介绍，帮助学生了解课程内容的整体框架和历史发展脉络，从而更好地理解和掌握知识点。

⑤联系生活法

将新的教学内容与现实生活联系起来，引导学生将所学知识应用到实际生活中，从而更好地理解和掌握知识点。

这些导入新课的方式都有各自的优点和适用范围，教师可以根据具体的教学内容和学生的实际情况选择合适的方式进行导入，以达到最佳的教学效果。

（2）讲授新课

教师会根据历史学科的知识体系，合理地分配每个课时，并针对学生的学习特点和需求，灵活调整教学方法。通过讲授的方式，教师可以引导学生逐步了解并掌握历史知识的基本框架和体系。这样可以帮助学生在有限的时间内更高效地掌握更多的历史基础知识和技能。而讲授新课则是讲谈——接受教学模式的核心环节，它能够确保学生充分理解和掌握历史知识。

(3) 总结新课

为了打造一堂成功的历史课，教师不仅需要精心构思引人入胜的开头，还需要策划丝丝入扣的中间环节，更需要设计意味深长的结尾。优秀的结课设计能够再次激发思维的高潮，使前后授课内容紧密相连，产生曲终意长、言尽旨远、课停思涌的绝佳效果。

在结尾环节，教师可以采用多种方法来激发学生的思考和探索欲望。例如，可以提出一些开放性的问题，引导学生进行深入思考和讨论；可以展示一些与课程内容相关的图片、视频或音频资料，帮助学生更好地理解和记忆知识点；还可以组织学生进行小组讨论或角色扮演等活动，以提高学生的合作能力和历史思维能力。

此外，教师还可以利用课堂上的剩余时间进行总结和回顾，帮助学生将所学知识进行系统化和条理化。同时，教师也可以根据学生的反馈和表现情况，对课程进行进一步的改进和优化，使历史课更加生动、有趣、富有启发性和教育意义。

（二）合作学习教学模式

1.合作学习教学模式的含义

合作学习教学模式是一种现代化的教学方法，旨在激发学生的积极性和主动性，促使他们通过相互研究和讨论解决问题，从而达到掌握基本知识、完善认知结构、优化思维品质、实现每个学生充分发展的目标。这种教学模式利用现代教学技术，为学生提供更丰富、更多元化的学习资源和更灵活、更自主的学习方式，从而提高学生的综合素质和团队协作能力。

2.合作学习的几种模式

（1）问题式合作学习

教师和学生之间互相提问、互相解答、互相教学，既能够解决学生的疑惑，也能够激发他们的学习兴趣。这种合作学习模式可以包括学生问学生答、学生问教师答、教师问学生答以及抢答式知识竞赛等多种形式。

（2）表演式合作学习

通过表演这种生动有趣的教学形式，可以有效地激发学生的学习兴趣，培养他们自主探究的学习品质。这种教学方式不仅有助于增强学生的参与感和互动性，还能够帮助学生更好地理解和掌握所学知识，从而提高他们的学习效果和综合素质。此外，表演还可以培养学生的表演能力和合作精神，为他们未来的全面发展奠定坚实的基础。这种教学方式不仅受到学生的热烈欢迎，还能够让教师更好地实现教学目标，提高教学质量。

（3）讨论式合作学习

这种教学方式可以激发学生的学习兴趣和主动性，促进他们积极思考和探索问题，提高他们的思维能力和表达能力。同时，教师也可以通过观察学生的讨论和表现，更好地了解学生的学习需求和困难，从而调整教学策略，提高教学效果。

3.合作学习存在的问题

合作学习在实践中存在如下一些问题。

第一，小组内不能有效互动。有些学生可能害羞，不善于主动表达，导致小组内互动不足。

第二，学优生和学困生的表现不均衡。小组内同学之间的表现不一致，有些学困生参与不到学习中。

第三，小组内成员的倾听习惯有待培养。学生在讨论时相互尊重、学会倾听是人际交往必备的素质。

第四，学生对概念的掌握程度不同，需要教师对教学程序进行合理设计，避免影响合作学习的效果。

第五，小组合作学习的过程中，学生之间的交流和讨论可能会偏离主题，需要教师及时引导。

第六，小组展示时学生不积极，需要教师激励学生积极参与展示活动。

第七，小组评价时存在评价标准不清晰、评价结果不公平等问题，需要教师制定合理的评价标准。

第八，小组合作学习的过程中，有些学生可能存在依赖他人、偷懒等问题，需要教师加强管理。

第九，小组合作学习的过程中，有些学生可能存在思维定式、不能灵活解决问题等不足，需要教师通过多种方式培养学生的思维能力和创新能力。

为了解决这些问题，教师需要合理设计合作学习的教学程序，制定明确的教学目标，加强对学生合作学习的管理和指导，同时注意培养学生的思维能力和创新能力。

（三）探究式教学模式

1.探究式教学模式的含义

探究式教学模式是一种以学生为中心的教学方法，教师在学生学习概念和原理时仅提供一些事例和问题，鼓励学生通过阅读、观察、实验、思考、讨论和听讲等多种途径进行主动探究，从而自行发现并掌握相应的原理和结论。这种教学模式着重强调学生自主学习和深入探究，以培养学生的探究精神和创新能力为目标。它旨在激发学生的好奇心和探究欲望，提高他们的学习兴趣和动力，培养他们的科学素养和独立思考能力。

2.采用探究性教学模式应注意的问题

采用探究性教学模式需要注意以下问题。

（1）探究问题的设计

探究问题需要具有启发性、引导性和可操作性。问题要能够引起学生的兴趣和好奇心，激发他们的探究欲望。同时，问题要与学生的实际生活和已有知识经验相联系，让他们能够在探究过程中获得新的知识和技能。

（2）探究活动的组织

探究活动要具有明确的目标和步骤，避免探究陷入僵局或偏离方向。在探究过程中，教师要给予学生必要的指导和帮助，引导他们进行有效的探究。同时，要注重学生的主体性和参与度，鼓励他们独立思考和合作交流。

（3）探究结果的处理

探究结果需要得到及时的处理和总结。教师要引导学生对探究结果进行归纳整理，发现规律，形成结论。同时，要对探究过程中出现的问题和困难进行反思和总结，不断提高探究性教学的质量和效果。

（4）探究教学的管理

探究性教学需要有一定的管理机制和制度保障。学校要制定相关的探究教学管理制度和评价标准，为探究性教学的开展提供支持和保障。同时，教师要不断提高自身的专业素养和探究能力，为探究性教学的有效实施提供必要的条件。

（5）探究教学的应用范围

探究性教学并不适用于所有学科和课程。在应用探究性教学时，需要根据具体学科的特点和教学目标进行选择和调整。同时，探究性教学也需要与其他教学方法和手段相结合，以达到最佳的教学效果。

（四）学案式教学模式

1. 学案式教学模式的含义

学案式教学模式以学案为媒介，通过导学的方式，强调学生的自主学习主体地位，同时发挥教师的启迪引领作用，师生共同合作完成教学任务。这种教学模式积极倡导学生自主学习、自主探究、自我发现和自我解决，是帮助学生学会学习、学会合作、学会发展的有效途径。其目的在于进一步转变教师的教学观念和教学方式，转变学生的学习方式，以及优化课堂结构。

2. 学案的编制原则

学案的编制要遵循以下七个原则。

（1）目标性原则

学案的编制需要充分体现《历史课程标准》所要求的三维目标，即知识与能力、过程与方法、情感态度与价值观。

①知识与能力目标

学案应明确历史学习的具体知识点和能力要求，如历史事件、人物、概念等，以及学生需要掌握的分析、评价和解释历史事件的能力。可以通过设计填空题、选择题、问答题等形式来涵盖这些知识点。

②过程与方法目标

学案应引导学生通过特定的学习方法或策略来获取和应用知识。可以设

第三章 历史教学

计问题链、历史情境模拟、小组讨论、研究性学习等环节，鼓励学生通过合作、探究、体验等方式来理解和掌握历史知识。

③情感态度与价值观目标

学案应帮助学生形成正确的历史观和价值观，培养其对历史的兴趣和尊重历史的意识。可以通过引导学生对历史事件进行思考、评价，以及对历史人物的道德评判等方式来实现。

在整个教学活动的设计和实施过程中，教师也应紧紧围绕教学目标的实现来展开。例如，教师可以根据学案中的问题链引导学生逐步深入地理解历史事件，通过小组讨论和探究活动鼓励学生合作学习和思考，同时通过情境模拟和角色扮演等方式帮助学生更好地体验和理解历史情境。

此外，为了更好地实现三维目标，教师还可以利用现代信息技术手段，如多媒体教学、网络资源等来丰富教学活动和学案内容，从而更好地激发学生的学习兴趣和提高他们的学习效果。

（2）主体性原则

在学案教学中，应尊重学生、相信学生，充分体现其主体性的原则。具体来说，应该做到以下几方面。

①让学生成为知识获得过程的积极参与者

通过设计学案，将知识点转变为探索性的系列问题，引导学生主动参与到知识的学习和探索中。学案可以提供问题情境，让学生通过解决问题来获取知识，而不是简单地接受教师的传授。这样，学生能够更深入地理解知识，并培养自主学习的能力。

②提供多种机会让学生运用所学知识

为了让学生将所学知识应用到实际情境中，可以设计多种不同情境的练习或活动。这些活动可以包括角色扮演、历史事件模拟、辩论等，让学生有机会在不同的情境下运用所学的知识。这样不仅可以增强学生对知识的理解和记忆，还可以培养学生的实践能力和创新思维。

③让学生根据自身行动的反馈信息形成自我反馈

在学案教学中，可以设计一些反馈环节，让学生根据行动的反馈信息来调整自己的学习策略。例如，可以在学案中设置自测题或反思环节，让学生自我评估自己的学习效果和练习解决问题的方法。这样学生可以更好地了解自己的学习状况，及时发现自己的不足并采取措施加以改进。

（3）课时化原则

历史学科具有其独特的性质，尤其是采用专题式编排的教材，其内容广泛且量大，需要教师花费几个课时才能完成。在这种情况下，学案的编制需要考虑整体的课时安排，以保证教学进度和质量。

为了确保学案的适宜性和有课时的界限与区分，教师可以考虑以下几点。

①整体规划

在开始编制学案之前，教师需要对整个学期或单元的教学内容进行整体规划。明确每个专题或单元的主题和重点，以及所需的教学时间。在此基础上，可以确定每个课时需要完成的任务和目标。

②分课时设计

根据整体规划，教师可以针对每个课时进行具体的设计和编制。学案的内容要紧密结合课时目标，突出重点和难点。同时，要合理安排问题的梯度和难度，以引导学生逐步深入地学习。

③板块式结构

为了便于教学和学生自学，教师可以采用板块式结构来组织学案。将学案分为不同的板块，如"知识链接""问题探究""巩固练习"等。每个板块对应不同的教学内容和任务，有助于学生清晰地了解学习目标和要求。

④课时划分

在编制学案时，教师需要明确每个课时的时间划分。根据教学内容的难易程度和学生实际情况，合理分配每个板块的教学时间。同时，要留出一定的时间用于学生的思考、讨论和反馈，以及教师的点拨和总结。

⑤灵活调整

实际教学中，可能会出现一些预料之外的情况，如学生对某个话题特别感兴趣、某个问题需要更多的时间来讨论等。因此，学案的编制要具有一定的灵活性和可调整性。教师可以根据实际情况对学案进行调整和完善，以满足学生的学习需求。

总之，针对历史学科专题式编排的教材特点，教师在编制学案时要充分考虑课时的整体性，合理安排教学内容和任务，采用适宜的教学策略和方法，以确保教学进度和质量的同时，培养学生的自主学习能力和历史思维能力。

（4）方法性原则

在编制学案时，应注重教授学生使用历史唯物主义和辩证主义的方法来分析问题。为此，历史学科的教师需要总结学习目标、教材重难点和课堂练习等内容，并整理出一条明确的学习方法指导线索。这样，学生便可以在掌握这种方法的基础上进行举一反三、触类旁通。

（5）问题化原则

历史学科的设问类型丰富多样，根据问题的难易程度，可以将其分为低级认知提问和高级认知提问。低级认知提问主要涉及对基本史实的回忆和理解，包括但不限于对时间、地点、人物等基本信息的查询。而高级认知提问则更注重对历史事件和历史人物进行深入的分析和评价，需要学生在历史唯物论的指导下，运用逻辑思维方法如分析、综合、比较、概括、归纳和演绎等，来诠释历史、评价历史。这种高级认知提问旨在培养学生的历史思维能力和历史意识，帮助他们深入理解历史的本质和意义。

在设问时，教师需要关注以下设问点。

①新旧知识的关联点

在历史学科中，新旧知识往往有着紧密的联系。教师可以通过设问，引导学生回忆已学知识，并在此基础上引入新知识，帮助学生建立知识体系和思维框架。

②学生的兴趣点

兴趣是最好的老师。教师可以通过了解学生的兴趣和关注点，将之与历史知识相结合，设计出能够引起学生兴趣的问题。这样的问题不仅能够吸引学生的注意力，还能够激发他们的探究欲望。

③知识的难点和学生思维的障碍处

教师需要了解学生的学习难点和思维障碍，通过设问来引导学生进行思考和探究。针对难点和障碍处，教师可以设计出更具针对性和深度的问题，帮助学生突破难关，提高思维品质。

（6）灵活化原则

学案的编制需要灵活多样，根据不同的学生、教学内容、课型和教学条件进行灵活的调整。

（7）层次化原则

学案的设计应该体现明显的"梯度分布"，遵循层次化的原则。

在基础知识整合部分，为了帮助学生巩固基础，问题设计应该相对简单，难度适中，以避免过于复杂的问题导致学生产生挫败感。而在"问题探究"和"习题反馈"部分，问题设计应该逐渐增加难度，以引导学生深入思考和探究。通过设计具有梯度的问题，教师可以更好地因材施教，满足不同层次学生的学习需求。

3.历史学案的基本要素

历史学案的基本要素应该包括学习目标、知识构成、学法指导、技能训练和归纳小结等方面。教师在编制学案时应该根据具体情况进行灵活调整和完善，以便更好地满足学生的学习需求和提高教学效果。

（1）学习目标

明确学习目标，包括知识、技能和情感态度等方面，以便学生能够了解学习重点和方向。学习目标应该具有可操作性和可达成性，以便学生能够明确自己的学习任务和要求。

（2）知识构成

根据教材和课程要求，选择和组织适当的教学内容，并明确每个教学内容的重点和难点。知识构成应该包括历史事件、人物、概念等方面的基本知识，以便学生能够建立扎实的知识基础。

（3）学法指导

在学案中提供学习方法指导，引导学生掌握一些基本的历史学习方法，如历史事件的比较、分析、归纳、演绎等。学法指导应该结合具体的历史事件和问题进行阐述，以便学生能够更好地理解和应用。

（4）技能训练

通过设计适当的历史问题、材料解析、论述题等，训练学生的历史学科能力，如历史事件的记忆、历史材料的阅读理解、历史问题的分析解答等。技能训练应该注重层次性和多样性，以便满足不同学生的学习需求。

第三章 历史教学

（5）归纳小结

在学案的结尾部分，引导学生进行总结和反思，回顾本节课所学的内容和方法，以便学生巩固所学知识，发现自己的不足之处。归纳小结应该包括知识总结、方法总结和经验总结等方面，以便学生能够更好地掌握历史学科的学习方法。

4.实施学案教学时要防止的误区

学案式教学是一种以学生为主体、教师为主导的教学方式，旨在培养学生的自主学习能力和创新思维能力。教师在实施学案教学时，应该注意防止以下误区，确保学案教学的有效性和针对性。

（1）追求形式化

学案教学是一种教学方法，但一些教师往往只注重填写教案的各个部分，而忽视了教学内容和教学目标的核心意义。他们只是机械地填写内容，忽略了培养学生的思维能力和创新能力。因此，在设计学案时，教师应注重形式与内容的结合，关注学生的思维发展和学习兴趣的培养。

（2）缺乏前瞻性

教案设计应该具有前瞻性和系统性，但在实际操作中，一些教师缺乏对教学过程的整体规划和把握。他们只是按部就班地设计每一节课，忽视了课堂之间的联系和衔接。这种缺乏前瞻性的设计容易导致教学效果的不连贯和学生学习进程的断裂。因此，在设计学案时，要充分考虑学生的学习需要和学习进程，合理安排每节课的内容和任务。关注课堂之间的衔接，通过复习、预习和串联等方式，使各节课之间形成有机联系。预见可能遇到的问题和困难，做好充分的备课工作，以准备应对各种情况。

（3）学习目标设计过于笼统

学习目标应该明确、具体、可操作性强，以便于学生了解学习重点和方向。然而，一些教师在设计学习目标时存在过于笼统的问题。例如，学习目标常常被教育目的或教育方针代替，这就使得学习目标大而空，不切实际。另外，目标缺乏维度。再者，目标行为动词使用不当，导致目标无法准确衡量和评价。因此，在设计学案的学习目标时，要明确目标的层次和要求。通过讨论，帮助学生建立概念、培养学科思维能力。

（五）行为控制教学模式

1.行为控制教学模式的含义

行为控制教学模式是一种以行为主义理论为基础，以客观主义为原则的教学模式。它认为学习是外部刺激与个体内部反应的相互作用的结果，特别强调对个体行为的研究和行为塑造，追求行为的适应性和可操作性。在这种模式下，学习不是由教师把知识简单地传递给学生，而是由学生自己建构知识的过程。学生不是简单地、被动地接受知识，而是主动地对知识的意义建构。这种模式下的教学活动多以团体方式进行，重视团体的作用与团体的互动，重视师生及生生之间的交互作用，以及在互动中为完成教学目标而形成的共同认知。

2.行为控制教学模式的指导思想

历史教学的行为控制教学模式是以斯金纳的行为主义心理学理论为基础，通过刺激和强化学生的学习行为，来促进学生学习行为的形成或修正。在行为主义心理学中，强化分为正强化和负强化两种。

正强化是指通过增加或增强某种行为的频率或强度来鼓励或激励学习者。例如，当学生在历史学习中表现出某种积极行为时，如回答问题正确、积极参与课堂讨论等，教师可以通过给予肯定、表扬或奖励等手段，来增强这种行为的频率和强度。这样可以促使学生更愿意在历史学习中表现出这种积极行为，并逐渐形成良好的学习习惯和态度。

而负强化则是通过减少或消除某种行为的频率或强度来修正或改变学习者的行为。例如，当学生在历史学习中表现出某种消极行为时，如不参与课堂讨论、不完成作业等，教师可以通过给予批评、惩罚等手段，来消除这种行为的频率和强度。这样可以促使学生减少或避免这种消极行为的出现，并逐渐形成良好的学习习惯和态度。

通过正强化和负强化的手段，行为控制教学模式可以帮助教师更好地引导学生形成积极的学习行为，提高学生的学习效果和学习兴趣。然而，需要注意的是，强化的方式和方法需要根据学生的具体情况和行为特点进行灵活运用，以避免过度强化或不当强化导致反效果。

3.行为控制教学模式应注意的问题

第一,历史教师在运用行为控制教学模式时,需要注意选择适当的强化物。强化物可以是社会强化物(如微笑、赞扬、拥抱等)、物质强化物(如图书、画片、笔记本等)、票据强化物(如奖状等)等。教师需要根据学生的年龄、兴趣爱好和学习需求等因素选择适合的强化物,以便更好地激发学生的积极行为和减少消极行为。同时,教师还需要根据学生的行为特点和学习情况进行灵活调整和运用强化物,以避免过度强化或不当强化导致反效果。

第二,历史教师在运用行为控制教学模式时,需要注意以下几点:一是要始终以教学目标和学生实际情况为依据,以避免过度强调行为控制而忽略教学目标和内容;二是要保持适当的强化频率和强度,以避免过度强化或不当强化导致反效果;三是要注重强化物的多样性和变化性,以避免学生产生习惯性和厌烦情绪;四是要注重强化物的针对性和有效性,以避免无效强化或低效强化。

(六)范例教学模式

1.范例教学模式的含义

范例教学模式是一种以人的认知规律为基础,通过选取具有本质因素、根本因素、基础因素的典型案例,并通过对这些案例进行深入分析、归纳,使学生从个别到一般、从具体到抽象、从认识到实践地去理解和掌握带有普遍性的规律、原理的一种教学模式。这种教学模式主张选取的典型案例应该具有范例性,即能够代表某一类事物或现象的本质特征,通过学习这些案例,可以使学生掌握这一类事物或现象的规律和原理。这种教学模式强调培养学生的逻辑思维能力和分析解决问题的能力,帮助学生从实践中总结经验,并将其上升到理论高度,指导未来的学习和实践。

2.范例教学模式的指导思想

历史教学的范例教学模式的指导思想是在教学中对原有教材内容进行适当的取舍,突出重点、抓住难点,对枝节问题简单讲授即可。这种教学模式强调通过对典型历史事件的剖析和归纳，帮助学生掌握历史事件背后的规律和本质，培养学生分析和解决问题的能力。

3.范例教学模式的操作程序

在具体操作中，范例教学模式通常包括以下步骤。

（1）选取典型案例

教师根据教学目标和学生的实际情况，选取具有代表性的历史事件或现象作为典型案例。这些案例应该能够涵盖历史事件或现象的核心要素和本质特征，帮助学生掌握历史事件的来龙去脉和前因后果。

（2）分析典型案例

教师通过对典型案例的详细分析，引导学生了解历史事件或现象的背景、过程、结果和影响等方面，帮助学生深入理解历史事件或现象的本质特征和规律。

（3）归纳总结

通过对典型案例的分析，教师引导学生总结历史事件或现象的规律和原理，帮助学生从个别到一般、从具体到抽象地认识历史事件或现象的本质特征。

（4）实践应用

教师设计一些类似的案例或问题，让学生运用所学的历史规律和原理进行分析和解决，加深学生对历史规律和原理的理解和应用能力。

4.范例教学模式应注意的问题

首先，在选择范例时，教师需要关注各个范例之间的内在联系和逻辑关系，以便帮助学生建立完整的历史知识体系。同时，教师还需要注重范例的典型性和代表性，以便更好地帮助学生掌握历史事件或现象的本质特征和规律。

其次，学生是教学过程的主体，只有让学生充分参与到教学过程中来，才能够更好地发挥范例教学模式的作用。同时，教师还需要注重培养学生的独立思考能力，引导学生从多个角度对历史事件或现象进行分析和思考，以便更好地培养学生的历史意识和思维能力。

最后，不同年级、不同班级、不同学生的知识水平和认知特点都不尽相同，因此教师在选择范例时需要考虑学生的实际情况，以便更好地帮助学生掌握历史知识。同时，教师还需要注重教学方法和手段的多样性，以便更好地激发学生的学习兴趣和提高教学效果。

（七）社会考察教学模式

1.社会考察教学模式的含义

社会考察教学模式是指通过引导学生进行社会考察，使学生了解社会、认识社会、服务社会的教学模式。这种教学模式强调学生在实践中学习、体验和成长，帮助学生培养社会责任感和社会实践能力。

2.社会考察教学模式的操作程序

在具体操作中，社会考察教学模式通常包括以下步骤。

（1）确定考察目标

教师根据教学目标和学生的实际情况，确定考察的目标和主题，例如某个历史事件的发生地、某个历史时期的民俗文化等。

（2）制定考察计划

教师根据考察目标和主题，制定详细的考察计划，包括考察的时间、地点、内容和方法等，并准备好必要的设备和资料。

（3）进行实地考察

学生按照计划进行实地考察，通过观察、询问、体验等方式，了解历史事件和现象的真实情况，收集相关的信息和资料。

（4）分析总结

学生将收集到的信息和资料进行整理和分析，与同学和老师进行交流和讨论，总结出自己的看法和理解，并撰写考察报告。

（5）评估反馈

教师根据学生的考察报告和表现，进行评估和反馈，帮助学生总结经验教训，进一步提高历史认识和社会实践能力。

3.社会考察教学模式应注意的问题

首先，社会考察活动是帮助学生将书本知识与社会实际相结合的重要途径，但同时也需要保证学生掌握基本的书本知识。因此，教师在进行社会考察活动之前，需要先引导学生学习相关的历史知识，并给予必要的指导和帮助，以便学生能够更好地进行社会考察活动。

其次，社会考察活动需要学生走出课堂，深入社会实际进行观察、调查和研究，因此需要充分激发学生对历史学习的兴趣和热情，以便更好地参与社会考察活动。教师可以通过多种方式来激发学生的兴趣，如讲解历史事件的真实情况、展示历史文物、组织有趣的课堂活动等。

再次，社会考察活动的成果是学生独立思考和学习的结果，教师应该鼓励学生自由表达自己的看法和见解，并采用多样化的成果形式，如调查报告、论文、口头报告等。同时，教师还需要给予学生必要的指导和帮助，以便学生能够更好地完成成果。

最后，社会考察活动需要学生之间进行协作和配合，因此教师需要引导学生形成良好的合作意识，明确分工和责任，并协调好学生之间的关系。同时，教师还需要及时解决学生在考察中出现的问题和困难，给予必要的指导和帮助，以便学生能够更好地完成社会考察活动。

（八）情景复现教学模式

1.情景复现教学模式的含义

情景复现教学模式是指教师在教学过程中通过引入或创造具有情感色彩的场景，以形象为主体的生动、具体的场景，来引起学生的学习体验，帮助学生理解教材，并使学生的心理得到发展。这种教学模式依据熟悉的直观原理，将心理学、教育学融为一体。通过情景的再现，激发学生的学习兴趣，提高他们的学习效果。同时，这种教学模式还可以培养学生的情感和想象力，促进他们的全面发展。

2.情景复现教学模式的操作程序

历史教学的情景复现教学模式在进行操作时需要遵循一定的程序。

（1）制定教学目标

教师需要明确教学目标，包括学生需要掌握的历史知识、技能和情感等方面的目标。这些目标将为情景复现教学模式提供明确的方向和指导。

（2）创设历史情景

根据教学目标，教师需要创设相应的历史情景。这些情景可以是真实的、虚构的或基于真实历史事件改编的，但它们必须能够引起学生的兴趣和好奇心，并能够帮助学生理解历史事件和人物。

（3）深入历史情景进行教学

在创设历史情景后，教师需要引导学生进入这些情景中，并通过各种方式如角色扮演、小组讨论等，让学生深入体验历史人物的经历和情感，以及了解历史事件的发展过程。

（4）分析理解历史情景

在体验历史情景后，教师需要引导学生对所体验的历史情景进行分析和理解。这包括对历史事件的发展过程、历史人物的特点和作用等进行思考和讨论，以帮助学生形成对历史的正确认识和理解。

（5）归纳评论得出结论

教师需要对所学的历史情景进行归纳和评论，并引导学生得出结论。这个结论可以是关于历史事件的影响、意义或教训等，也可以是关于历史人物的评价或认识等。

二、历史教学方法

历史教学方法是历史教学过程中教师与学生为实现历史教学目标而采取的教与学相互作用的活动方式。在历史教学中，科学、合理的教学方法可以帮助学生更好地掌握历史知识，提高解决问题的能力。

（一）历史教学方法的特点

历史教学方法具有显著的特点，概括来说主要包括以下几方面（图3-3）。

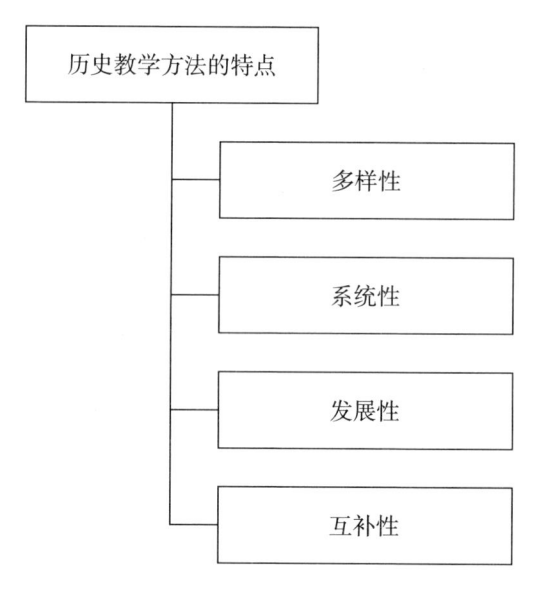

图3-3 历史教学方法的特点

1.多样性

历史教学方法多种多样，包括讲述法、直观教学法、问题教学法、比较教学法等。这些方法各有特点，适用于不同的教学内容和不同的学生情况。多样化的教学方法可以帮助学生从多个角度和多个层次理解历史知识，提高他们的学习兴趣和学习能力。

2.系统性

历史教学方法的系统性是指教师在教学过程中，需要将历史知识按照一定的逻辑顺序和结构组织起来，形成完整的教学体系。这样可以帮助学生在学习过程中形成系统的历史认识和思维模式。

3.发展性

历史教学方法的发展性是指教学方法需要随着社会的发展和教育的改革来不断发展和改进。新的教学方法可以更好地适应学生的需求和社会对人才培养的要求。

4.互补性

不同的教学方法各有优缺点，具有互补性。教师在教学过程中需要根据实际情况选择合适的教学方法，并灵活运用多种教学方法，以达到最佳的教学效果。

（二）历史教学方法的主要类型

常用的历史教学方法主要包括讲述法、直观教学法、问题教学法、比较教学法等（图3-4）。

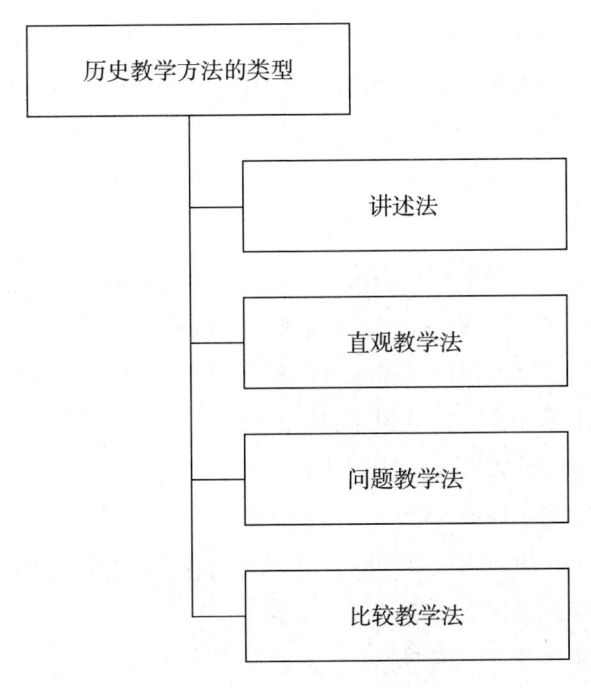

图3-4 历史教学方法的类型

1.讲述法

讲述法是历史教学中最常用的方法之一，它是指教师通过口头语言向学生传授历史知识的方法。讲述法具有简便易行、普及度高、可操作性强等优点，能够帮助学生构建历史知识体系以及掌握基本的历史概念和事件。但是，讲述法也存在一些缺点，如容易让学生产生依赖心理、难以激发学生的学习兴趣等。因此，教师在使用讲述法时，需要注意以下几点。

（1）讲述要有针对性

教师需要根据学生的实际情况和教学目标，选择适合学生的讲述内容和方式。对于不同年龄段的学生和不同的历史事件，需要采用不同的讲述方法和语言风格。

（2）讲述要有启发性

教师可以通过提问、引导等方式，启发学生的思维，帮助学生理解历史知识。在讲述过程中，可以适时地提出一些有深度的问题，引导学生进行思考和探究。

（3）讲述要有系统性

教师需要将历史知识系统地组织起来，帮助学生形成完整的历史认识。在讲述过程中，可以采用历史分期、历史比较等方法，帮助学生梳理历史脉络，把握历史发展的总体趋势。

2.直观教学法

直观教学法是指教师利用实物、图片、模型等直观手段，帮助学生形成对历史事件和人物的形象认识。直观教学法具有生动形象、易于理解等优点，能够激发学生的学习兴趣和好奇心。但是，直观教学法也存在一些缺点，如容易让学生产生感性认识而忽略对历史本质的理解等。因此，教师在使用直观教学法时，需要注意以下几点。

第一，选择的手段要与教学内容紧密结合，能够帮助学生更好地理解历史知识。例如，在讲解古代文明时，可以通过展示相关的文物、遗址等，帮助学生更好地理解古代文明的发展和特点。

第二，在选择图片、模型等时，需要注意选择具有代表性且能真实反映历史事件和人物形象的资料。

第三章　历史教学

第三，教师要引导学生观察、思考和讨论，帮助学生形成对历史的深入认识。在观察直观资料时，教师可以提出问题或引导学生进行思考和讨论，帮助学生深入理解历史事件和人物的本质特征。

3.问题教学法

问题教学法是指教师通过提出问题，引导学生思考和探究，从而掌握历史知识的方法。问题教学法具有针对性强、能够调动学生学习积极性等优点，能够帮助学生提高解决问题的能力。但是，问题教学法也存在一些缺点，如问题的质量和难度不易控制等。因此，教师在使用问题教学法时，需要注意以下几点。

第一，提出的问题要有针对性，能够帮助学生理解历史知识。问题的内容和难度要与学生的实际情况和教学目标相符合，能够帮助学生更好地理解历史知识。

第二，问题要有启发性，能够引导学生思考和探究。问题的设计要能够引导学生进行思考和探究，帮助学生拓展思路和提高解决问题的能力。

第三，应给予学生充分的思考时间和空间，激励他们提出自己的看法和见解。在提出问题后，教师应耐心等待并鼓励学生进行深入思考，让他们勇于表达自己的观点。通过这种方式，可以培养学生的创新思维和表达能力，帮助他们更好地理解和掌握所学知识。

4.比较教学法

比较教学法是指教师通过对比不同历史事件或人物，帮助学生认识它们的异同和特点。比较教学法具有清晰明了、易于理解等优点，能够帮助学生更好地掌握历史知识。但是，比较教学法也存在一些缺点，如容易让学生产生概念混淆等问题。因此，教师在使用比较教学法时，需要注意以下几点。

第一，选择的可比性较强的事件或人物要具有典型性和代表性。在选择比较对象时，要选择具有典型性和代表性的事件或人物，能够帮助学生更好地理解历史知识的异同和特点。

第二，要引导学生对不同事件或人物进行全面、客观的比较和分析。在比较过程中，教师要引导学生全面、客观地比较和分析不同事件或人物的特点和异同点，帮助学生更好地理解历史知识的本质特征。

第三，要帮助学生形成对历史事件和人物的正确认识和理解。在比较过程中，教师要引导学生以客观的态度看待历史事件和人物，避免概念混淆和认识偏差。同时，教师还要帮助学生掌握正确的学习方法，如归纳总结、推理演绎等，以提高学生的历史意识和历史素养。

（三）历史教学方法运用

在运用历史教学方法时应遵循以下原则。

1.目标性原则

一堂课需要一个科学、系统和清晰的教学方法来支撑。同时，教学方法并不是孤立存在的，它必须与教学目标相结合，才能发挥出最大的效果。

教学方法本身并没有优劣之分，它们只是实现教学目标的工具。每种教学方法都有其独特的优点和适用范围，因此，选择合适的教学方法非常重要。

好的教学方法应该是能够有效地实现教学目标和教学内容的方法。如果某种教学方法能够帮助学生更好地理解历史知识、提高历史思维能力，那么它就是好的教学方法。

在选择教学方法时，教师需要考虑多个因素，包括学生的特点、教学目标、教学内容等。同时，教师还需要考虑教学资源的限制和教学时间的限制等因素。

2.科学性原则

历史知识的科学性是历史教学的基础和前提。尊重历史事实和避免历史概念混乱是历史学科的基本要求，因此，教师在选择和运用教学方法时，必须以历史知识的科学性为前提和基础。

在独立运用某种教学方法或综合使用几种教学方法的过程中，教师需要对历史知识进行科学的把握和呈现。具体而言，教师需要准确掌握历史事实和相关数据，了解历史事件的背景、经过和影响，理解历史人物的思想、行动和贡献。同时，教师还需要对历史概念进行准确的解释和阐述，避免混淆和误解。

3.启发性原则

所有的教学方法都以特定的教学思想为指引。启发式的教学方法以启发学生积极思考、主动学习为目的，强调教师的教应服务于学生的学。这种教学方法注重引导学生从感性认识向理性认识转变，从生动形象的直观感受向理性抽象的思维飞跃。

4.综合性原则

教学方法的综合性要求教师了解各种教学方法的功能，根据教学内容、教学目标和学生的特点，选择合适的教学方法，并取长补短，充分发挥教学方法的作用。

在综合运用多种教学方法时，教师需要注意以下几点。

第一，明确教学目标和教学内容，针对不同的教学内容和目标选择合适的教学方法。

第二，充分考虑学生的特点和学习需求，选择适合学生能力水平和学习风格的教学方法。

第三，注意不同教学方法之间的衔接和过渡，使整个教学过程流畅、有序。

第四，根据教学时间和教学资源等情况合理安排教学方法的使用时间、顺序和频率。

第二节 历史教学过程与教学原则

一、历史教学过程

历史教学过程是指学生在教师指导下，通过各种形式的学习活动，掌握历史知识、技能和思想观点，形成历史意识的过程。

（一）历史教学过程的特点

历史教学过程具有以下特点。

1.历史教学过程是学生在教师指导下主动学习的过程

历史教学过程是在教师指导下，学生通过各种形式的学习活动，主动获取历史知识、技能和思想观点的过程。在这个过程中，学生不再是被动接受知识，而是积极参与、主动探索，通过自己的努力掌握历史知识。教师在这个过程中扮演着引导者和辅导者的角色，为学生提供必要的指导和帮助。

2.历史教学过程是培养学生历史意识的过程

历史意识是指对历史事件、历史人物和历史现象的正确认识和理解。培养学生的历史意识是历史教学的重要目标之一。在历史教学过程中，学生通过学习历史知识、技能和思想观点，逐渐形成正确的历史意识。

3.历史教学过程是促进学生全面发展的过程

学生通过学习历史知识，可以提高自己的文化素养和综合素质。同时，学生还可以通过学习历史知识，了解人类文明的发展历程和经验教训，为未来的生活和工作打下坚实的基础。

4.历史教学过程是实现教学目标的过程

历史教学目标是历史教学的出发点和归宿点。在历史教学过程中，教师需要根据教学目标制定教学计划和教学方案，组织教学活动，引导学生掌握历史知识、技能和思想观点。教师还需要及时了解学生的学习情况和学习需求，调整教学策略和方法，实现教学目标。

（二）历史教学过程的阶段

1. 准备阶段

（1）钻研历史课程标准

历史课程标准是历史教学的指导性文件，它规定了历史教学的目标、内容、方法和评价标准。历史教师需要认真钻研课程标准，确保自己的教学工作符合课程要求，并以此为依据制定教学计划和教学方案。在钻研课程标准时，历史教师需要注意以下几点。

第一，理解课程性质和目标。历史课程是一门人文社会科学，主要通过学习历史知识、技能和思想观点，培养学生的历史意识、文化素养和综合素质。教师只有理解课程的目标和性质，才能更好地制定教学计划和方案。

第二，掌握教学内容和要求。课程标准中规定了历史教学的内容和要求，教师需要认真学习并掌握这些内容，确保自己的教学符合要求。

第三，注重教学方法和评价。课程标准中强调了教学方法和评价的重要性，要求教师注重学生的主体性和探究性学习，采用多种教学方法和手段，激发学生的学习兴趣和积极性。教师还需要根据课程标准的要求，制定合理的评价标准和方法，对学生的学习成果进行客观、准确的评价。

第四，关注教学资源和实践。课程标准中强调了历史教学资源和实践的重要性，要求教师积极开发和利用各种教学资源，如教材、文物、图片、视频等，丰富教学内容和形式。

（2）深入钻研历史教材

教师需要认真钻研历史教材，通过"懂""透"和"化"三个阶段，掌握历史教学内容，为提高教学质量打下坚实的基础。

第一，"懂"。在这个阶段，教师需要认真阅读教材，了解教材中的各个知识点，包括历史事件、人物、概念等。教师需要确保自己对这些知识点有清晰的理解，能够把握它们之间的逻辑关系。

第二，"透"。在"懂"阶段的基础上，教师需要进一步深入理解教材，把握教材中的重点和难点。在这个阶段，教师需要注重对教材进行整体把握，明确各个知识点在整个历史教学中的地位和作用。

第三，"化"。在"懂"和"透"的基础上，教师需要对教材进行内化，即将教材中的内容转化为自己的知识体系。在这个阶段，教师需要注重对教材进行反思和总结，同时结合自己的教学经验和生活阅历，对教材进行再创造和个性化解读。

（3）了解任课班级学情

除了深入研究历史课程大纲和熟练掌握历史教材外，教师还需要充分了解所教授班级的学情。掌握班级学情有助于教师更好地理解学生的学习特点、需求和能力，从而为每个学生制定更具针对性的教学计划和方案。此外，根据学生的实际情况选择更合适的教学方法，能够更好地激发学生的学习兴趣和积极性，提高教学效果。因此，了解班级学情是教师成功开展历史教学的重要前提之一。

（4）研究历史教学方法

为了将教材转化为易于学生接受的内容，教师需要深入探究教学方法。在历史教学中，教师需要根据教学规律、教学内容以及班级学情，选择合适的历史教学方法，以便有效地提高历史课堂教学的效果。通过研究教学方法，教师可以更好地把握教材的重点和难点，帮助学生更好地理解历史知识，提高他们的历史意识和历史素养。

（5）制订教学进度计划

①制订学期历史教学工作计划

这是学期备课工作的主要环节，需要解决以下三个方面的问题。

第一，确定学科内容教学进度计划和时间分配。这需要考虑教学内容的难易程度、学生的接受能力等因素，合理安排教学进度和时间，确保教学任务能够按时完成。

第二，确定本学期学习方法和能力培养、情感态度与价值观教育的侧重点。这需要根据教学目标和学生的实际情况制定适合学生的学习方法和能力培养计划，同时注重情感态度与价值观的教育，以实现学生的全面发展。

第三，考虑学生的负担和学科间的协调。这需要合理安排学生的学习任务和作业量，避免学生过度负担，同时协调好不同学科之间的教学安排，确保学生能够全面发展。

②制订单元历史教学工作计划

在制定历史教学的单元工作计划时，需要准确把握单元教学的核心主

第三章　历史教学

题，清晰地认识到每个课题在单元主题中的位置和作用，同时深入理解每个课题的内容构成。为了确保单元教学的连贯性和有效性，需要进行整体教学设计，并制订详细的课时分配计划。

③制订课时历史教学工作计划

课时计划是教师经过备课，以课时为单位设计的具体教学方案。在制定历史教学的课时计划时，教师需要仔细考虑教学的重点和难点，选择适合的教学方法、手段和教学资源，以确保教学的顺利进行，并达到预期的教学效果。

2.实施阶段

（1）激发学生学习积极性的阶段

从心理学的角度来看，学习积极性对于学生的认识活动至关重要。在历史教学中，教师可以通过生动、形象、有趣的教学方式，将历史知识转化为易于被学生接受和理解的形式，从而激发学生的学习兴趣和参与度。教师可以通过引入故事、案例、实物展示、角色扮演等方式，让学生更加深入地了解历史事件、人物和现象，从而增强他们的学习兴趣和动力。

（2）感知具体历史的阶段

这一阶段主要通过展示历史上的重要人物、事件、制度及现象等具体史实，使学生能够感知历史的真实存在。为达到具象、生动且形象地再创历史的效果，教师可利用多样化手段，如口头叙述、讲解，利用直观教具及多媒体设备，并鼓励学生自主阅读教材及教师提供的阅读材料等。

（3）理解历史的阶段

在引导学生探索历史的奥秘时，教师需要采取更加积极的教学策略，激发学生的抽象思维活动，并引导他们运用各种有效的学习方法，如分析、综合、对比、比较等，以深入挖掘历史史实中的核心内容。通过形成准确的历史概念和揭示历史发展的客观规律，学生能够更加全面、科学地掌握历史知识。此外，教师还可以通过丰富多样的教学手段和活动，帮助学生更好地理解历史背景和事件，从中汲取智慧并应用于现实生活。

（4）运用历史知识的阶段

学生在学习过程中通过运用所学知识培养自己的持续学习能力，他们能够运用已掌握的历史知识深入思考各种问题，并在此过程中掌握新的历史知识。历史知识的特性决定了它的应用效果往往不能立竿见影，而是会在学习者的潜移默化中逐渐体现出来。这种体现主要表现在观察和分析问题的能力与方法上。拥有这些能力和方法的学生，会不知不觉地将它们应用到学习、生活的各个方面中去。因此，学生应该着重培养自己的历史学习能力，以便在未来学习和生活中更好地运用历史知识。这样一来，他们就能够不断提升自己的综合素质，以适应不断变化的社会环境。

（5）巩固历史知识的阶段

巩固知识是指学生能够深刻理解所学知识，并将其牢牢地储存在记忆中，以便在需要时能够准确、迅速地回想提取。由于教学活动主要涉及间接经验的传递和吸收，学生在学习过程中往往不能深刻体验知识的内涵，同时还需要不断地接纳新知识。如果不能及时巩固，学生将难以掌握所学知识，教学活动也难以顺利进行。因此，巩固知识是教学活动中至关重要的一环，需要教师和学生共同努力。

通过及时总结和复习，可以帮助学生加深对历史知识的理解和记忆，提高他们的学习效果和学习成绩。同时，复习还可以帮助学生发现自己的不足之处，及时调整学习方法，提高学习效率。

在复习时，历史教师可以采用多种方法，如讲解、讨论、提问、练习等。其中，讲解可以帮助学生加深对历史知识的理解和记忆；讨论可以激发学生的学习兴趣和主动性，促进他们对历史知识的思考和理解；提问可以帮助学生检验自己的学习成果，发现自己的不足之处；练习可以帮助学生巩固所学知识，提高他们的学习效果。

（6）检查历史知识的阶段

对学生历史学习水平和状态的评估是历史教学中不可或缺的关键环节。通过定期检查和评估，教师可以获得教学反馈，深入了解学生的学习进展，以便及时调整教学方向和节奏。同时，借助对学习效果的评估，还可以激发和强化学生的学习动机，鼓励他们持续努力。在历史教学中，检查和评估的手段和方法多种多样，教师需要善于正确运用这些方法来帮助学生培养积极的心态，提高学习积极性，从而有利于学生更好地掌握历史知识。此外，通过及时的评估，教师也能及时了解和掌握学生的学习状态，以便为后续教学

第三章 历史教学

提供重要参考,并更好地满足学生的学习需求。

3.反思阶段

(1)教学前反思

教学前反思能够使我们对即将展开的历史教学进行全面而深入的审视和思考,确保教学是有意识、有目的的实践。教学前反思与学期教学准备工作紧密相连,前者是后者的一个不可或缺的基础环节。只有在教学准备工作的基础上,从反思的角度出发,对已有教学实践中存在的问题和不足进行分析并采取改进措施,才能在教学工作中不断取得进步。

(2)教学中反思

教学中反思是指历史教师及时、主动地对每一节历史课的具体教学行为过程进行反思。按照课堂教学的进程,教学中反思可以分为以下三个基本环节。

在课堂教学前反思。历史教师需要对即将进行的课堂教学行为进行预先规划和准备。这包括对课程内容的理解、教学策略的选择、教学资源的准备等。在课前反思过程中,教师需要结合学生的实际情况,考虑如何更好地引导学生学习,并针对可能出现的问题制定应对策略。

在课堂教学中反思。历史教师需要关注课堂教学的进展情况,对实际教学效果与预期目标进行比较和分析。如果实际教学效果与预期目标存在偏差,教师需要及时调整教学策略或方法,确保课堂教学的有效性。此外,教师还需要关注学生的参与度和反应情况,以及课堂氛围和节奏的控制。

在课堂教学后反思。历史教师需要对已完成的课堂教学进行总结和评价。这包括对教学目标是否达成、教学内容是否符合学生需求、教学方法是否得当等方面的反思。教师还需要关注学生的学习效果和反馈,以便对未来的课堂教学进行改进。

通过教学中反思,历史教师可以不断优化和完善自己的教学方法和策略,提高课堂教学的质量和效率。同时,反思还有助于教师培养自我评估和自我改进的能力,促进专业成长和发展。

(3)教学后反思

历史教师在每个学期的教学活动结束后,都会进行深入的教学后反思。

这是对整个历史教学活动进行的全面总结。在这个环节中，历史教师采用纵向比较分析法，对自己的历史教学进行系统地回顾和梳理。同时，他们还会与其他教师进行横向比较分析，以便更深入地反思和探究自己的教学方法和效果。通过总结经验和扬弃不足，历史教师能够提高反思的质量，实现理论升华，从而推动教学反思和总结的长期化、系统化和理论化。

二、历史教学原则

概括来说，历史教学的原则主要包括以下几方面（图3-5）。

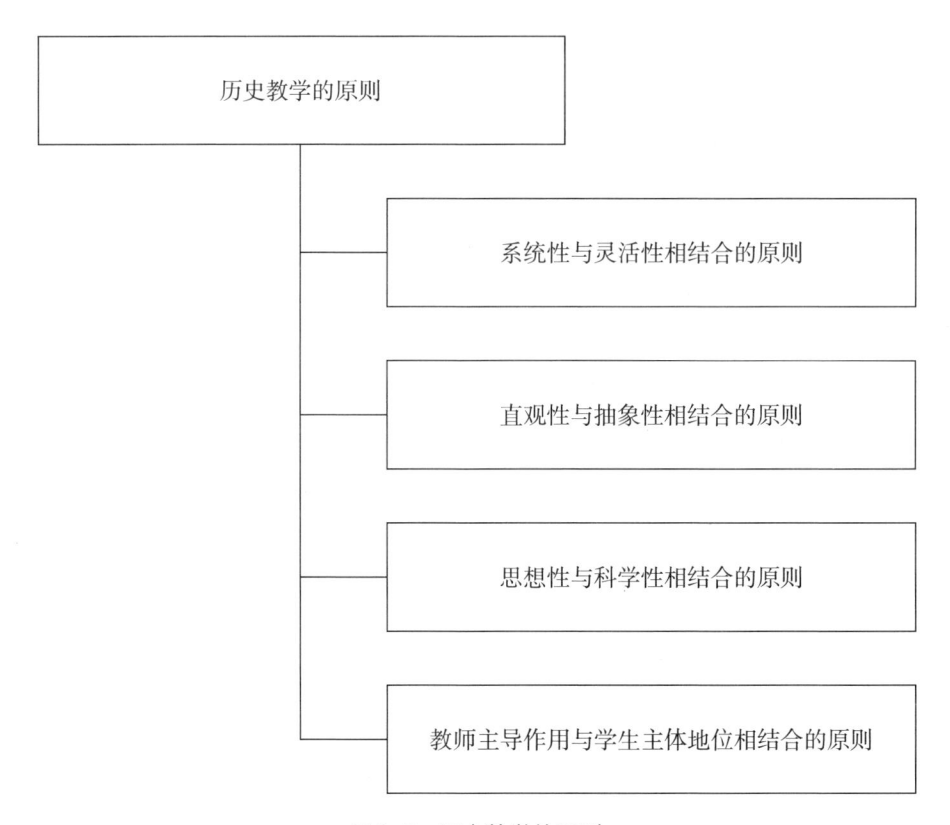

```
历史教学的原则
├── 系统性与灵活性相结合的原则
├── 直观性与抽象性相结合的原则
├── 思想性与科学性相结合的原则
└── 教师主导作用与学生主体地位相结合的原则
```

图3-5 历史教学的原则

第三章　历史教学

（一）系统性与灵活性相结合的原则

系统性是指历史教师按照历史学科的知识体系和逻辑顺序进行授课，确保教学内容的系统性和完整性。而灵活性则是指教师需要根据学生的心理特点和接受能力，灵活地调整教学内容和教学方法，以适应学生的需求。

在现代历史教学中，教师只有遵循系统性和灵活性相结合的原则，才能取得更好的教学效果。具体而言，教师需要在系统性的基础上，灵活地调整教学内容和教学方法，以适应学生的需求和兴趣。

首先，教师需要确保教学内容的系统性和完整性。历史学科有着自身的知识体系和逻辑顺序，教师需要按照这个体系和顺序进行授课，确保学生能够全面、系统地了解历史知识。同时，教师还需要根据学生的实际情况和教学目标，对教学内容进行适当的调整和优化，使其更加符合学生的需求。

其次，教师需要根据学生的心理特点和接受能力，灵活地调整教学内容和教学方法。不同年龄段的学生有着不同的心理特点和接受能力，教师需要根据学生的实际情况选择合适的教学方法和手段，如多媒体教学、互动式教学等，以激发学生的学习兴趣和积极性。

（二）直观性与抽象性相结合的原则

直观性是指历史教学内容应该典型、具体，教学语言生动形象，能够运用多媒体呈现历史内容和组织实地参观考察等。通过这些方法，学生可以更直观地了解历史事件、人物和现象，从而产生更深刻的认识和感受。

抽象性是指历史教师需要运用历史概念进行分析综合、比较、概括、归纳等，对历史现象做出解释。通过抽象思维，学生可以更好地理解和掌握历史知识，提高自己的历史意识和素养。

在历史教学中，要做到事实描述与分析论证相结合。只有通过具体的历史事实描述，才能让学生了解历史事件的真实情况和发展过程。同时，教师还需要通过分析论证，引导学生对历史事件进行深入思考和理解，发挥历史的教育价值。空洞的论述枯燥乏味，没有说服力；只讲史实不做分析则不容易发挥历史的教育价值。因此，历史教师需要在教学中合理运用事实描述和分析论证相结合的方法，提高教学效果和教育价值。

（三）思想性与科学性相结合的原则

思想性强调历史教学应该对学生的思想品德教育发挥作用，而科学性则强调在历史教学中所使用的材料必须准确无误，观点要正确。同时，思想性需要渗透在具体的历史教学内容中，以确保所选材料既准确又生动，能够打动学生，并发挥出历史教学的思想教育功能。

在选择教学内容时，教师需要确保所使用的材料和观点是准确的，不含有错误或虚假的信息。此外，教师还需要选择那些具体而生动的历史材料，以吸引学生的注意力，激发他们的学习兴趣。通过这种方式，教师可以有效地将思想性渗透到历史教学中，从而发挥出历史教学的思想教育功能。

（四）教师主导作用与学生主体地位相结合的原则

为了确保历史教学的顺利进行，教师需要发挥主导作用，制定明确的教学目标，安排适当的教学内容，控制教学活动的进程，并对学生进行指导。同时，教师还需要激发学生对历史学习的兴趣，帮助他们更好地理解和掌握历史知识。另外，学生的主体地位也至关重要。学生需要主动参与教学，发挥自己的主动性和探索精神，积极探究历史问题。只有当学生积极参与到历史教学中，才能够收到良好的教学效果。

第三节 历史教学设计与评价

一、历史教学设计

历史教学设计是教师根据教学目标、教学内容和学生的实际情况，制定教学策略、选择教学方法和教学资源的过程。它是教师进行历史教学的关键环节，直接影响着学生的学习效果和教学质量。

历史教学设计的流程根据不同的情况和需求有多种不同的设计方法。以下是一种基本的历史教学设计流程。

（一）学习需要分析

了解学生对历史知识的需求，确定历史教学目标和教学内容的重点和难点。

（二）学习内容分析

对历史教学内容进行分析，包括对历史事件、人物、概念等进行解释和分析，帮助学生理解历史知识。

（三）学生特征分析

了解学生的年龄、学习经验、学习风格和兴趣爱好等特征，确定学生的学习需求和学习能力，为制定教学策略提供依据。

（四）制定教学策略

根据学习内容和学生特征的分析结果，制定相应的教学策略，包括教学方法、教学顺序、教学时间等方面的决策。

（五）选择和运用教学媒体

根据教学内容和教学策略的需求，选择合适的教学媒体，如图片、音频、视频、动画等，并运用它们来呈现历史知识，增强学生的学习体验。

（六）教学设计成果的评价

对教学设计成果进行评价，包括对学生学习效果的评价和对教学设计过程的评价，以便了解教学设计的效果和改进方向。

（七）修改

根据教学设计成果的评价结果，对教学设计进行修改和完善，提高教学质量和效果。

以上是一种基本的历史教学设计流程，实际的设计过程会因不同的教学需求和学生情况而有所不同。同时，教师还需要根据具体的教学目标和教学内容来灵活运用各种不同的教学方法和手段，以达到最佳的教学效果。

二、历史教学评价

历史教学评价是衡量和评估历史教学效果的重要环节。通过对历史教学的评价，教师可以了解学生的学习状况，及时调整教学策略，提高教学质量。同时，学生也可以了解自己的学习进度和不足之处，从而调整学习方法，提升学习效果。

第三章　历史教学

（一）历史教学评价的功能

历史教学评价具有多种功能，其中最主要的功能包括以下几个方面。

1.导向功能

教学评价的导向功能是指评价系统本身所具备的引导评价对象朝着预定目标前进的能力。评价不仅为教师和学生提供了明确的教学和学习方向，还为他们设定了具体的目标，鼓励他们不断接近目标并最终实现目标。如果导向功能出现偏差，那么教师的教学效果和学生的学习效果都可能受到影响，产生不良后果。因此，教学评价的导向功能在教学目标的实现过程中扮演着至关重要的角色，需要认真考虑和运用。

2.激励功能

历史教学评价不仅对学生有激励作用，对教师也有积极的促进作用。通过评价，学生可以了解自己的学习进展和不足之处，从而调整学习方法，提高学习效果。同时，教师也可以从评价结果中获取反馈信息，了解教学效果和学生的学习需求，及时调整教学策略，提高教学质量。这种激励作用可以促进教师和学生的共同发展，提高历史教学的整体效果。

3.诊断功能

历史教学评价具有诊断功能。通过评价，教师可以了解学生在历史学习中存在的问题和困难，如知识掌握不牢固、能力发展不足等。对这些问题和困难的诊断可以为教师提供改进教学的依据，帮助他们更好地指导学生，提高教学质量。同时，学生也可以从评价结果中了解自己的学习状况，及时调整学习方法，提高学习效果。

4.鉴定选拔功能

通过评价，教师可以了解学生的学习成果和教师的教学效果，判断学生是否达到历史教育教学的各项目标，是否具备升入高一年级或高一级学校深造的历史知识。这种鉴定选拔功能可以帮助教师更好地评估学生的学习能力和潜力，同时也为学生提供了一定的激励作用，促进他们更好地学习和表现。需要注意的是，鉴定选拔功能只是教学评价的一部分，评价应该更多地关注学生的学习过程和进步，而不是仅仅关注结果。

5.反馈调节功能

教学评价不仅可以为教师提供反馈信息，帮助他们了解自己的教学能力和水平，还可以从领导、同学的评价中，了解自己、认识自己，以便进行自我调节，加强自我修养。同时，学生也可以从教学评价中获取反馈信息，明确自己的学习目标和方向，了解自己的学习进度和水平。

6.咨询决策功能

历史教学评价具有咨询决策功能。历史教学评价是通过对历史教学活动的过程和结果进行系统评估和分析，为教育决策提供依据和咨询的过程。通过历史教学评价，教师可以了解学生的学习状况和需求，发现教学中存在的问题和不足，进而调整教学策略和方法，提高教学质量。同时，历史教学评价还可以为学校、教育部门等提供决策依据，帮助他们制定更为科学、合理的教学计划和政策。因此，历史教学评价的咨询决策功能对于提高历史教学质量和推动历史教育事业的发展具有重要意义。

（二）历史教学评价的方法

1.定量评价和定性评价

定量评价是指运用数学方法对历史教学活动进行数量化的描述和分析。定量评价通常采用数据统计、回归分析等技术手段，以数值形式反映历史教学的效果和质量。例如，通过对学生考试成绩的统计和分析，可以了解学生的学习效果和教师的教学质量。

定性评价是指运用非数学方法对历史教学活动进行描述和分析。定性评价通常采用观察、访谈、案例分析等手段，以文字形式反映历史教学的效果和质量。例如，通过对学生课堂表现和作业练习的观察和分析，可以了解学生的学习进展和困难。

2.绝对评价和相对评价

绝对评价是指以历史教学目标为标准，对学生的学习成果进行独立的评价。绝对评价通常采用标准分数的形式，以反映学生在目标达成程度上的差异。例如，通过对学生历史知识的掌握程度进行绝对评价，可以了解学生在全体学生中的水平。

相对评价是指以学生的实际水平为标准，对学生的学习成果进行相对的评价。相对评价通常采用百分位数或等级评定的形式，以反映学生在群体中的相对位置。例如，通过对学生历史知识的掌握程度进行相对评价，可以了解学生在班级中的排名情况。

第四节 历史教学资源的开发与利用

一、历史教学资源的内涵

历史教学资源是指在教学过程中，为帮助学生理解历史知识、提高历史素养而使用的各种辅助性资源。这些资源既包括教科书、参考书籍、教学视频、音频等传统资源，也包括互联网上的历史网站、数据库、论坛等数字化资源。历史教学资源具有重要的作用。

第一，丰富教学内容。通过利用多种类型的历史教学资源，教师可以更加生动、全面地呈现历史事件和人物，帮助学生更好地理解历史背景和过程。

第二，提高教学效率。合理利用历史教学资源，可以使教学过程更加紧凑和高效。例如，通过使用数字地图、时间轴等工具，可以快速展示大量的历史信息，提高教学效率。

第三，激发学习兴趣。通过引入有趣的历史故事、考古发现等教学资源，可以吸引学生的注意力，激发他们对历史学科的兴趣和好奇心。

第四，培养历史思维能力。通过引导学生利用教学资源进行自主学习、探究，可以培养他们的历史思维能力，提高他们分析、评价历史事件和人物的能力。

二、开发和利用历史教学资源的原则

（一）目标性原则

历史教师需要从宏观角度出发，明确历史教育在培养学生人格、提升公民素质和促进终身发展等方面的重要功能。在选择教学资源时，应将促进学生全面成长和发展作为首要考虑因素。从微观层面来看，历史教学资源的设计和运用应紧密围绕具体的教学目标进行。历史教师需要深入解读课程标准，掌握所教授的历史主题和专题，明确要培养学生的哪些能力，要解决哪些问题，并设计好教学目标系统，突出核心目标。如果发现课标或教科书存在不足之处，历史教师应勇于质疑并选用适当的教学资源进行合理调整，以更好地实现历史教育的目标。同时，历史教师还应积极探索新的教学方法和手段，以增强历史教学的趣味性和实效性，使学生能够更好地理解和掌握历史知识，提高他们的综合素质。

（二）开放性原则

1.类型的开放性

类型的开放性指的是应该以开放的态度对待所有可能有益于提高教育教学质量和效果的课程资源，无论其以何种类型、形式存在。教学资源并不局限于传统的教科书和教学资料，而是积极利用各种不同类型的教育资源，例如音频、视频、在线资源以及实物展示等。这些多元化的资源可以更生动、更形象地展示历史知识，从而激发学生的学习兴趣和动力。

第三章　历史教学

通过灵活运用不同类型的资源，教师可以为学生创造一个更加丰富、更加真实的历史学习环境。这不仅有助于提高他们的学习效率，而且也有助于培养他们的历史素养和学习能力，为未来的学习和生活打下坚实的基础。

2.空间的开放性

空间的开放性是指无论是位于校内还是校外，城市或农村，甚至是中国或外国，只要这些资源有助于提高教育教学质量，都应该积极地进行开发与利用。这要求教师在开发历史教学资源时，不能仅仅局限于校园内的资源，而应该主动寻找和利用校外的丰富资源，例如博物馆、历史遗迹和文化遗址等。同时，互联网作为一个汇集全球资源的平台，其上的国际性资源也应该得到教师的充分利用。借助这些资源，教师可以引导学生深入了解不同国家和地区的文化、历史和现状，从而拓宽学生的视野和知识面，帮助他们形成更全面、更包容的世界观。

3.途径的开放性

途径的开放性意味着在开发和利用课程资源时，不应局限于某一种特定的途径或方式。相反，应该积极探索多种不同的途径或方式，并尽可能地协调和配合使用它们。这意味着教师在开发历史教学资源时，不应局限于传统的课堂教学方式，而应积极探索多种途径和方式，如实地考察、研究性学习、社区服务等。通过多种途径和方式的协调配合使用，教师可以更好地激发学生的学习兴趣和动力，提升他们的学习效果和历史素养。

（三）有效性原则

历史教师需要树立以学生为本的意识。因此，教师需要对学生的兴趣以及他们所喜爱的活动进行深入研究。这包括了解学生对历史学科的认知特点、兴趣点和学习需求，以及他们所喜欢的活动类型和方式。通过了解学生的兴趣和需求，教师可以针对性地开发适合学生的课程资源，提高他们的学习效果和历史素养。

在开发课程资源时，教师需要注意资源的有效性和价值性。这意味着教师需要选择那些能够满足学生学习需求、激发学习兴趣、促进思考和发展的资源。同时，教师还需要对所选择的资源进行深入研究和加工，使其更加符合学生的认知特点和教学目标。

（四）针对性原则

在明确课程目标的前提下，教师需要认真分析与课程目标相关的各种各类课程资源，认识和掌握其各自的性质和特点，这样才能保证开发与利用的针对性。例如，对于一些历史事件和人物，教师可以通过利用博物馆、历史遗迹等实物资源，帮助学生更好地了解历史背景和过程。而对于一些文化、社会方面的历史知识，教师则可以通过利用互联网、文化机构等的数字资源，引导学生了解不同地区、不同文化的历史背景和特点。

此外，教师还需要根据学生的实际情况和需求，选择适合的课程资源进行开发和利用。例如，对于一些对历史学科感兴趣、学习能力强、学习需求高的学生，教师可以开发一些具有挑战性和深度的历史教学资源，如专题研究、学术论文等。而对于一些学习兴趣不高、学习基础薄弱的学生，教师可以开发一些趣味性高、易于理解的历史教学资源，如历史故事、动画演示等。

三、开发和利用历史教学资源的方法

历史教学资源的开发与利用需要多方面的努力和合作，需要教师、学生和学校共同努力，以实现教学效果的最优化。概括来说，开发和利用历史教学资源的方法主要包括以下几方面。

（一）深入挖掘和利用校内外资源

（1）学校内的历史教学资源包括历史教材、历史文物、历史遗址遗迹、

第三章　历史教学

历史题材的影视资料等。这些资源可以帮助学生更好地了解历史背景和过程，增强学生对历史的理解和认识。

（2）学校外的历史教学资源则包括公共文化设施，如博物馆、纪念馆等，以及与历史相关的社会资源如历史遗址、名人故居等。这些资源可以为学生提供更为直观、生动的历史学习体验。

（二）发挥地域优势

不同地区拥有不同的地理、文化和社会资源，这些资源可以为历史教学提供宝贵的素材和案例。例如，可以利用当地的历史遗迹、博物馆、文化景观等资源来辅助教学，使学生能够更加深入地了解当地的历史文化。

（三）利用信息化资源

信息化资源包括网络资源、数字资源等，具有便捷、高效、实时更新的特点。教师可以利用互联网搜索相关信息，或者利用专业的历史网站、数据库等获取教学资源。同时，教师也可以引导学生利用互联网进行自主学习和探究，提高学生的自主学习能力和创新能力。

（四）调动学生的积极性

学生是教学资源的主体，他们可以通过参与实践活动（如参观、调查等）和自主学习（如阅读、思考等）来获取和利用教学资源。同时，教师可以通过引导学生撰写读史笔记、制作历史小报等形式，激发学生的积极性，提高他们的学习兴趣和参与度。

（五）加强教师之间的合作

教师可以通过集体备课、互相听课、学术研讨等方式，共享教学资源，提高教学水平。同时，教师也可以与其他学科的教师进行合作，共同开发跨学科的教学资源，提高教学效果。

（六）重视反馈和评估

教师需要对教学资源的使用情况进行反馈和评估，以便及时发现问题并加以改进。例如，可以听取学生的意见和建议，了解他们对教学资源的满意度和需求，从而不断优化教学资源的质量和效果。

第四章　历史学习

　　历史学习不仅是对过去事件的了解，更是对人类社会发展规律的认识，是对人类智慧与经验的总结。通过历史学习，可以拓宽视野、开阔思路、提高综合素质，更好地面对复杂多变的世界。

第一节　历史学习的内涵

一、学习的内涵

学习是指通过一定的方式和途径，获得知识和技能的过程，是人们生存和发展的必要手段。学习不仅仅是指在学校中的学习和考试，更是指一个人在生活中的所有经验和积累。学习是一个持续不断的过程，它需要不断地探索、尝试、实践和反思，以不断地提高自己的能力和素质，适应不断变化的社会和环境。

（一）学习的类型

根据不同的分类标准，学习可以分为不同的类型。

1.根据学习方式进行分类

根据学习方式进行分类，学习可以分为接受学习、发现学习、机械学习和意义学习等。

（1）接受学习

接受学习是指学习者通过教师的讲解、演示、阅读等指导方式来获取知识的学习过程。接受学习强调学习者的接受和记忆，注重知识量的积累和提高。

（2）发现学习

发现学习是指学习者通过自身探索和发现来获取知识的学习过程。发现学习强调学习者的探究和发现能力，注重知识的质的变化和提高。

（3）机械学习

机械学习是指学习者通过反复练习和记忆来掌握技能的学习过程。机械学习强调学习者的记忆和熟练程度，注重技能的量的提高。

第四章 历史学习

（4）意义学习

意义学习是指学习者通过理解知识内在联系和意义来掌握技能的学习过程。意义学习强调学习者的理解和运用能力，注重技能质的变化和提高。

2.根据学习目标进行分类

根据学习目标进行分类，学习可以分为知识学习、技能学习和社会规范学习。

（1）知识学习

知识学习是指学习者掌握新的事实和信息的过程，这些事实和信息被编码成各种符号形式，如语言、文字、图像等。知识学习的目的在于增加个体的知识存储和信息处理能力。

（2）技能学习

技能学习是指学习者掌握新技能的过程，这些技能包括身体技能、认知技能和行为技能等。技能学习的目的在于提高个体的操作能力和行为表现。

（3）社会规范学习

社会规范学习是指学习者掌握社会规范和价值观念的过程，这些规范和价值观念被内化为个体的态度和行为准则。社会规范学习的目的在于提高个体的社会适应能力和道德水平。

3.根据学习水平进行分类

根据学习水平进行分类，学习可以分为感觉、知觉、记忆、思维和想象等不同层次和水平。

（1）感觉

感觉是指学习者的感觉器官感知外部刺激的过程，如视觉、听觉、触觉等。

（2）知觉

知觉是指学习者对感觉信息进行组织和解释的过程，如对物体的形状、颜色、空间位置等特性的感知和理解。

（3）记忆

记忆是指学习者将感知到的信息存储在大脑中，并在需要时提取出来的过程，包括感觉记忆、短时记忆和长时记忆等。

（4）思维

思维是指学习者运用已有的知识和经验，通过推理、判断、概括和解决问题等过程来获取新知识及解决问题和进行决策的能力。

（5）想象

想象是指学习者在头脑中创造出新的形象和情境，以帮助理解和探索问题，如阅读、创作和角色扮演等过程。

（二）学习的特点

概括来说，学习的特点主要包括以下几方面。

1.意识性

人的学习具有意识性的特点，这是人类学习与动物学习的重要区别之一。人的意识性特点使得人们在学习过程中能够更加主动、积极地参与，按照一定的计划和目的进行学习，并且能够对自己的学习过程进行反思和调整，以取得更好的学习成果。具体来说，人的意识性特点包括以下几个方面。

第一，学习是一种自我发展和完善的过程。通过学习，人们可以不断提高自己的认知水平，发展个性，实现自我价值的最大化。

第二，学习是有目的、有计划的行为。人们在学习之前通常会制定学习计划和目标，按照一定的方向和目的进行学习。

第三，学习需要付出努力和持续不断的练习。人们需要不断地尝试和练习，取得学习的成果。

第四，学习是一种创造性的行为。通过学习，人们可以开拓思路、创新方法，取得独特的成果和突破。

第五，学习是一种社会性的行为。人们在学习过程中会与他人进行交流和互动，从他人那里获取知识和技能，同时也向他人展示自己的学习成果。

2.社会性

在现代社会中，由于科学技术的发展和社会的变迁，学习的社会性特点也变得更加突出和明显。人们需要不断地学习适应社会的变化，学习新的知识、技能和社会规范。具体来说，学习的社会性特点主要包括以下几个方面。

（1）学习涉及与其他人的互动

在学习过程中，个体通常需要与其他人进行交流、讨论和合作，从而形成社会互动。这些互动可以帮助个体理解和学习新的概念、技能和知识。

（2）学习是在社会环境下发生的

人类的学习行为通常发生在家庭、学校、社区等社会环境中。这些环境提供了各种资源和互动机会，有助于个体学习和发展。

（3）学习涉及共享和传递知识

在社会学习中，个体不仅需要理解和吸收知识，还需要将其传递给他人，以便共享和积累知识。

（4）社会性学习可以促进个体的发展

社会学习可以帮助个体获得新的视角、技能和知识，促进其个人和社会发展。

（5）社会性学习可以提高学习者的自我意识

在社会学习中，个体需要关注他人的反应和期望，更好地理解自己，提高自我意识。

（三）学习的心理基础

学习的心理基础主要包括智力因素、非智力因素和特殊能力等方面。

1.智力因素

智力因素是指由认知、观察、记忆、思维、想象等心理因素构成的心理基础，是学习过程的基本心理条件。智力因素对学习效果产生的直接作用，主要包括注意、观察、记忆、思维和想象等心理过程。

2.非智力因素

非智力因素是指由兴趣、动机、意志、情感等心理因素构成的心理基础，对学习过程产生间接的影响。非智力因素能够调节学习过程中的心理状态和情绪，影响学习效果。

3.特殊能力

特殊能力是指在学习过程中表现出来的、与学习密切相关的特殊能力，如语言能力、数学能力、音乐能力等。特殊能力对学习效果产生特定的影响，是学习过程中的重要因素之一。

总之，学习的心理基础包括智力因素、非智力因素和特殊能力等方面，这些因素共同作用，影响学习效果和学习结果。了解学习的心理基础有助于提高学习效果和学习效率，同时也能够更好地满足学习者的需求和期望。

二、历史学习心理

（一）历史学习的心理过程

历史学习的过程在理论上与其他学科的学习过程相似，都需要经历一定的阶段。由于历史学科的学习内容和学习方式具有其独特的特点，学生在学习历史时的心理过程也表现出其特殊性。

首先，历史学习的内容具有独特性。历史是关于过去的事件、人物和文化的研究，它涉及对过去的理解和解释，需要学生运用批判性思维和推理能力来分析和评价历史事件和人物。同时，历史学习还需要学生具备广泛的知识背景和跨学科的能力，如对地理、政治、经济等方面的基本了解，以便更好地理解历史事件的背景和影响。

其次，历史学习的方式也有其特殊性。历史学习通常需要学生阅读大量的历史文献、书籍和文章，包括原始史料、史书、传记、论文等。学生还需要参与讨论、辩论和模拟历史事件等活动，以加深对历史的理解和记忆。此

第四章 历史学习

外，历史学习还经常需要进行调查研究和实践操作，例如参观历史遗址、博物馆，进行口述史采访等，这些活动能够帮助学生更好地理解和体验历史。

因此，学生在学习历史时的心理过程也具有特殊性。他们需要运用批判性思维和推理能力来客观分析和评价历史事件和人物，需要具备广泛的知识背景和跨学科的能力，还需要参与讨论、辩论和模拟历史事件等活动。这些活动能够帮助学生更好地理解和体验历史，提高他们的历史意识和素养。

为了更好地指导学生的历史学习，教师需要了解学生在学习历史时的心理过程和特点，采取相应的教学策略和方法。例如，教师可以引导学生阅读和理解原始史料、组次讨论和辩论会、进行调查研究和实践操作等，以帮助学生更好地理解和体验历史。同时，教师还可以培养学生的批判性思维和推理能力，提供丰富的学习资源和素材，帮助学生构建自己的历史知识和理解体系。

如果我们从宏观的角度来审视历史课程的学习过程，可以发现学生在学习历史时经历了以下几个关键的心理活动阶段（图4-1）。

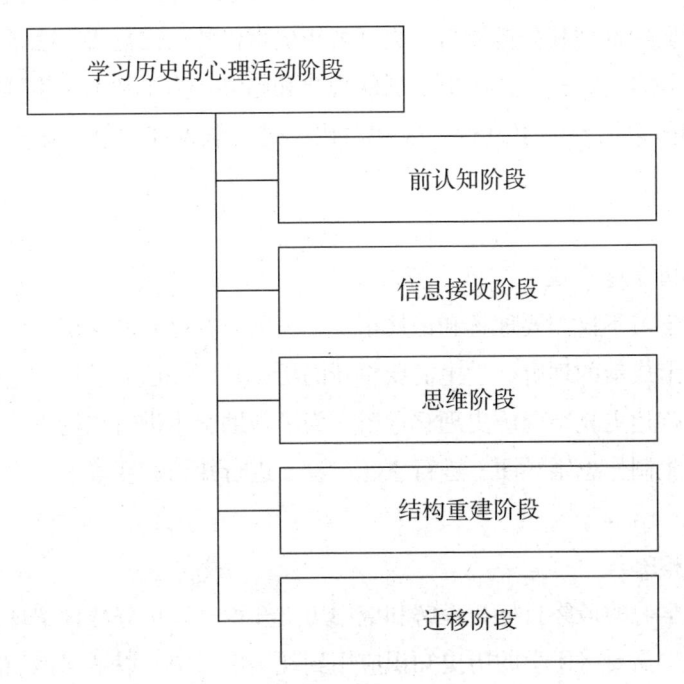

图4-1 学习历史的心理活动阶段

学习历史的心理活动阶段：
- 前认知阶段
- 信息接收阶段
- 思维阶段
- 结构重建阶段
- 迁移阶段

1.前认知阶段

在开始学习历史之前，学生已经对历史有了一些初步的了解和认知，例如对某些历史事件、人物和时期的模糊印象。这些前认知会影响学生对历史课程的理解和接受程度。为了帮助学生更好地适应历史学习，教师可以引导学生思考自己对历史的认知和态度，鼓励他们提出问题并寻找答案。

2.信息接收阶段

在历史学习中，学生需要接收大量的信息，包括历史事件、人物、时间、地点等。教师可以通过多种方式提供信息，例如讲解、阅读书籍、观看影片等；为了帮助学生更好地接收信息，教师可以采用一些教学策略，例如组织小组讨论、进行角色扮演、制作历史时间线等，以激发学生的学习兴趣和参与度。

3.思维阶段

历史学习不仅仅是记忆和理解事实，还需要进行更高层次的思维活动。学生需要运用推理和分析能力，去理解历史事件的前因后果，去评价历史人物的行为和思想，去探究历史发展的规律和趋势。为了帮助学生发展思维能力，教师可以引导学生进行比较和对比、进行假设和预测、进行批判性思维等。

4.结构重建阶段

历史学习不仅需要理解和记忆事实，还需要在已有的知识结构中嵌入这些事实，形成新的理解。学生需要将新的历史知识和已有的知识进行联系和整合，以构建更复杂的历史理解逻辑。为了帮助学生进行结构重建，教师可以引导学生制作思维导图、进行主题讨论、进行知识竞赛等。

5.迁移阶段

历史学习的最终目标是理解和应用历史知识，以更好地理解现在和预测未来。学生需要将所学的历史知识应用到现实生活中，以增强他们的社会洞察力和决策能力。为了帮助学生进行知识迁移，教师可以引导学生进行案例

第四章 历史学习

分析、进行模拟决策、进行现实问题探究等。

了解学生历史学习的心理过程，实际上是为了更好地捕捉学生在历史学习过程中心理活动的主要特点，制定有针对性的教学策略来指导他们的历史学习。

（二）历史学习的心理特点

学生学习历史的心理特点与他们的年龄、心理特征密不可分，同时也与历史这一学科的独特性有着直接的关系。换句话说，学生在学习历史过程中的心理特点正是他们年龄与心理特征，以及历史学科学习特点的相互影响和共同作用的表现。概括来说，历史学习的心理特点主要包括以下几方面（图4-2）。

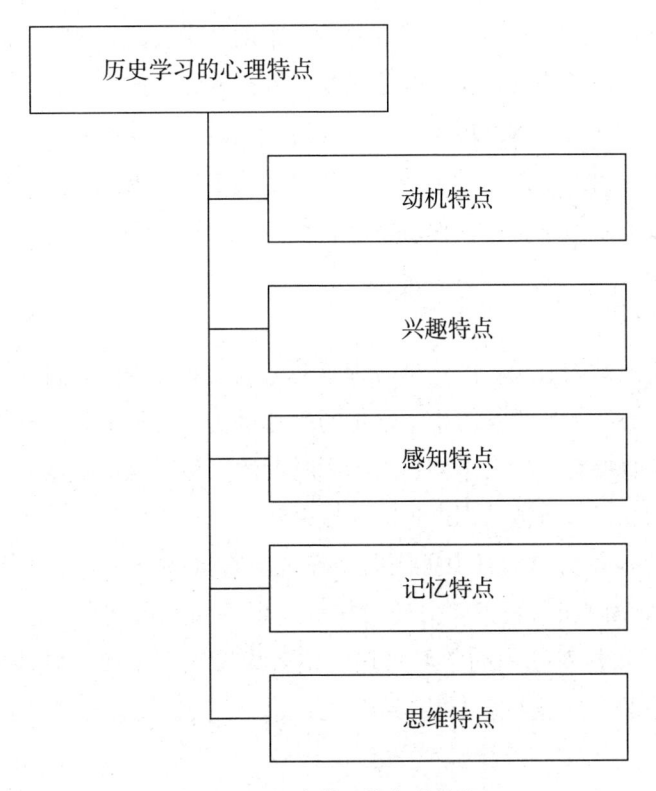

```
历史学习的心理特点
├── 动机特点
├── 兴趣特点
├── 感知特点
├── 记忆特点
└── 思维特点
```

图4-2 历史学习的心理特点

· 113 ·

1.动机特点

学习动机是推动学生进行历史学习的力量源泉，是他们追求学习进步的原动力。学习动机的分类方法多种多样，初中生在学习历史时，往往受到近景性动机的影响，即对即将到来的学习任务和教学活动的直接吸引力较大。相比之下，高中生在历史学习中的远景性动机逐渐增强，他们逐渐认识到学习历史对于理解过去、洞察社会以及提升人生意义的重要性。

许多学生的学习动机偏向于外因性，即受到学校、班级和教师等外部因素的影响。也有一部分学生受到内因性动机的驱动，他们对历史学习的内容和过程本身充满兴趣，甚至热衷于深入研究和探索历史。

作为历史教师，应对学生的各种学习动机保持高度关注。因为无论是哪一种类型的动机，都有助于推动学生积极参与历史学习。不同动机的影响力和持续时间会有所不同。为了使学生保持积极的学习态度，教师应有意识地创设条件来激发他们的学习动机。

这包括通过鼓励、支持和引导等方式来调动学生的积极性，同时帮助他们正确理解学习历史的意义。为了满足不同类型学生的学习需求，教师应运用多样化的教学方法和开展丰富的教学活动。此外，及时给予学生反馈和评估也是至关重要的，这有助于他们了解自己的进步和需要改进的地方，从而使他们的历史学习动机始终保持活跃状态。

2.兴趣特点

兴趣是人类内心深处的一种心理驱动力，它能够激发我们对某种事物的热情和好奇心。在历史学习中，学生的兴趣扮演着至关重要的角色。这种兴趣既可以是直接针对历史事件、人物和时期的兴趣，也可以是由于对历史学习和研究的意义和价值认识产生的间接兴趣。

初中学生在历史学习中更倾向于表现出直接兴趣，他们往往被丰富多彩的历史教学内容所吸引，对历史故事、事件和人物充满好奇。在这一时期，教师和教材对他们的学习兴趣产生较大影响，如果教师能够以生动、具体的方式呈现历史，教材内容丰富有趣，学生就很容易对历史产生浓厚兴趣。

随着学生进入高中阶段，部分学生会更加关注历史学习的结果，他们开

第四章 历史学习

始认识到历史学习对于自身发展和认识社会的重要性，因此表现出更强烈的间接兴趣。在这种情况下，学生更加关注历史事件背后的深层含义和历史发展的规律，而不仅仅是历史事件本身。

除了学习兴趣的分类，我们还应该关注到学生对历史学习内容也存在一定的兴趣倾向。一般来说，学生对军事、战争和政治方面的内容更感兴趣，而对于经济、文化方面的内容相对不感兴趣。这种兴趣倾向与学习内容的难度有一定关系，也与学生对特定历史时期和主题的兴趣偏好有关。

此外，随着年级的升高，学生对历史学习的兴趣可能会逐渐减弱。这种现象可能与学习其他学科的难度增加有关，也可能与历史学科本身的特点和难度有关。为了保持学生对历史学习的兴趣，教师需要不断探索和创新教学方法和手段，以吸引和激发学生的学习热情。

从更深层次的角度来看，学生的历史学习兴趣可以分为有趣、乐趣和志趣三个层次。在初学阶段，大多数学生处于"有趣"的层次，他们对历史学习感到新奇和有趣；随着学习的深入，部分学生可以达到"乐趣"的层次，他们开始真正享受历史学习和研究的过程；而在"志趣"水平上的学生是相对较少的，他们已经将历史学习融入自己的生活和职业规划中，将其视为一种追求和使命。

为了培养和保持学生对历史学习的兴趣，历史教师需要在教学中注重以下几个方面。

第一，明确历史学习活动的目的和意义，让学生认识到历史对于个人和社会的重要性。

第二，发掘教学内容的特点，选择有趣、生动的教学素材和方法。

第三，创设问题情境，引导学生思考和探究历史问题的深层含义。

第四，加强师生交流和互动，建立良好的师生关系和学习氛围。

通过以上措施和方法，可以更好地激发和保持学生对历史学习的兴趣，提高他们的学习效果和学习动力。

3. 感知特点

感知是认知活动的基础，它直接反映了学习内容。在历史学习中，学生的感知能力受到学习内容和教学方式的影响。教师的启发和引导对于他们全面、深刻地感知历史非常重要。

教师在历史教学中应注重培养学生的感知能力，通过直观教学、案例分析、小组讨论等方式引导学生深入思考历史事件和人物。同时，教师还应关注学生的学习动机和学习兴趣，了解学习需求和特点，以激发他们的学习热情和动力。通过这些措施，教师可以帮助学生更好地感知历史，提高学生的历史意识和素养。

4.记忆特点

记忆是学习活动中不可或缺的一部分，在历史学习中，学生需要面对的学习内容既包含生动的人物和事件，也包括众多的历史概念和同类概念。历史学习内容中的生动人物和事件通常会给学生留下较为深刻的印象，这有助于他们的记忆。要记住众多的历史概念和同类概念并不容易，这需要学生更加努力地理解和记忆。

5.思维特点

历史学习是一项深入的认知活动，它涉及对历史事件的解读、分析、综合、比较、概括等一系列思维操作，同时也是一个不断进行思考、反思和推理的过程。在这个过程中，初中学生的历史思维能力已经开始发展，但是他们更多地依赖于形象思维，一般通过联想和想象来理解和记忆历史事件。他们的思维活动往往具有自由性，缺乏足够的控制，因此可能会出现偏离性的联想和想象，或者只关注事件的某个方面而忽略了整体性。

随着年龄的增长和知识的积累，高中学生的抽象思维能力逐渐加强，他们开始更加深入地思考历史问题，并且对于分析问题和解决问题的活动更加感兴趣。他们逐渐发展出独立思考、批判性思维和创造性思维的能力，这对于深入理解和研究历史事件至关重要。高中学生在分析具体的历史问题时也容易出现思维定式，受到以往知识经验的干扰，从而产生负迁移，或者只看到问题的表面而忽略了本质。

为了提高学生的历史思维能力，教师在教学中应该提供有效的思维材料，启发学生进行深入思考和研究性学习。同时，教师还需要注重形象思维与抽象思维的有机结合，通过多种教学方法和手段引导学生掌握思维技巧和方法，鼓励他们在思维活动中的创新和探索精神。通过这样的训练和培养，学生可以更好地理解和掌握历史知识，提高他们的历史意识和素养。

第二节 历史学习的影响因素

历史学习是一个复杂的过程，它受到多种因素的影响。这些因素不仅包括学生自身的个体差异，也包括学习方法、教师的作用以及班集体的学习氛围等多个方面。了解这些影响因素对于提高历史教学的质量和效果具有重要意义。

一、学生的个体差异

学生的个体差异是影响历史学习效率的重要因素之一。每个学生都是独一无二的，他们在学习风格、兴趣爱好和学习能力等方面存在差异。这些差异会影响他们对历史学科的感知和理解。例如，有些学生可能更善于通过记忆和背诵来学习历史知识，而有些学生则更善于通过分析和理解来探究历史事件和人物的深层含义。因此，教师在教学过程中需要考虑学生的个体差异，采用多样化的教学方法和策略，以满足不同学生的学习需求。

二、学习方法

正确的学习方法可以帮助学生在有限的时间内获得更多的知识和技能。

相反，错误的学习方法可能会导致学生投入大量的精力和时间，但收获甚微。因此，教师在教学过程中需要引导学生掌握正确的学习方法。例如，如何进行有效的预习和复习、如何运用历史地图和时间轴来记忆和理解历史事件的发展过程、如何阅读和理解历史文献等。掌握正确的学习方法，学生可以更加高效地进行历史学习。

三、教师的作用

教师是历史学习过程中的重要引导者和组织者。他们的教学方法和态度对学生的学习效率产生深远的影响。一个好的教师不仅需要具备专业知识和教学技能，还需要关注学生的情感需求，营造良好的学习氛围，激发学生的学习兴趣和动力。

首先，教师需要运用生动有趣的教学策略来吸引学生的注意力。例如，通过故事、图表、影像等多种形式展示历史事件和人物，让学生对历史有更加直观和生动的认识。

其次，教师需要给予学生足够的支持和鼓励。对于学生在学习过程中遇到的困难和问题，教师及时给予指导和帮助，肯定和鼓励他们的进步和成就。

最后，教师需要营造良好的学习氛围。通过组织小组讨论、角色扮演等形式的活动，让学生进行合作学习和交流，在集体中促进他们对历史知识的理解和掌握。

四、班集体的学习氛围

一个积极向上、团结互助的班集体可以激发学生的学习兴趣和动力，提高他们的学习效率。相反，一个消极、冷漠的班集体可能会阻碍学生的学习发展。因此，教师在教学过程中需要关注班级的学习氛围，通过组织活动、奖励机制等方式营造良好的学习环境。例如，教师可以安排一些小组合作的学习任务，让学生在完成任务的过程中进行合作学习和交流，从而增强班级的凝聚力和向心力。此外，教师还可以通过奖励机制来激励学生的学习热情和动力，让他们更加积极地参与课堂活动和学习过程。

  总之，影响历史学习的因素很多也很复杂。要全面提高历史教学的质量和效果，需要教师和学生共同努力。教师需要关注学生的个体差异、引导学生掌握正确的学习方法、营造良好的学习氛围并给予足够的支持和鼓励。学生则需要充分发挥自己的潜能，积极参与课堂活动和学习过程，培养良好的学习习惯和方法。通过师生共同努力，努力提高历史学习的效率和质量。

第三节　历史学习策略与方法

一、历史学习策略

（一）学习策略概述

1.学习策略的内涵

  学习策略是指学习者在完成学习任务时所采用的方法、技巧和步骤。它是提高学习效率和质量的重要因素之一。学习策略的内涵包括以下几个方面。

  （1）学习策略是学习者为了完成学习任务而采取的方法和技巧

  学习策略是针对特定学习任务而采取的，它能够帮助学习者更好地理解和掌握学习内容。学习策略可以是简单的方法，如记忆技巧、做笔记技巧等，也可以是复杂的方法，如问题解决策略、元认知策略等。这些方法和技巧都是为了帮助学习者更加有效地完成学习任务。

（2）学习策略是可教授和可学习的

学习策略是可以教授和学习的。教师可以通过讲解、示范、练习等方式来教授学习策略，学生也可以通过自主学习、合作学习等方式来学习掌握策略。掌握学习策略有助于提高学生的学习能力，促进他们的自主学习和终身学习。

（3）学习策略与认知过程密切相关

学习策略与认知过程密切相关，它涉及对信息的加工、储存和提取等过程。在学习过程中，学习者需要运用已有的知识和经验来理解和处理新的信息，同时也需要运用学习策略来促进对信息的记忆和提取。因此，学习策略的掌握需要学习者具备一定的认知能力和思维能力。

（4）学习策略的运用需要考虑不同的学习情境和任务

不同的学习情境和任务需要采用不同的学习策略。例如，对于记忆类的学习任务，可以采用关键词法、联想记忆法等策略；对于理解类的学习任务，可以采用图表法、归纳法等策略。因此，学习者需要根据不同的学习情境和任务来灵活运用不同的学习策略。

2.学习策略的功能

学习策略可以看作是学习的执行监控系统，它对学习者的学习活动具有多方面的功能。具体包括以下几方面。

（1）计划和指导学习活动

学习策略可以帮助学习者对学习任务进行计划和指导。它可以帮助学习者确定学习的目标、分析学习任务、选择适当的学习方法和策略，以及制定学习计划等。这样，学习策略就为学习者的学习活动提供了明确的方向和路径。

（2）监控和调节学习过程

在学习过程中，学习策略可以充当监控和调节的角色。它可以帮助学习者对自己的学习过程进行监控和评估，及时发现问题并进行调整。例如，当学习者发现自己在学习过程中遇到困难或无法达到预期的学习效果时，学生可以运用学习策略来重新规划或调整学习方法，以更有效地完成学习任务。

（3）维持和促进学习动力

学习策略还可以帮助学习者维持和促进他们的学习动力。通过设定目标、制定计划、自我激励等方式，学习策略可以帮助学习者保持对学习的兴趣和热情，并鼓励学生克服困难和挑战，以实现学习目标。

（4）管理和调控学习资源

学习策略还可以帮助学习者有效地管理和调控学习资源。这包括时间管理、注意力分配、资源利用等。通过合理安排时间、集中注意力和选择合适的学习资源，学习策略可以帮助学习者提高学习效率和质量。

（5）自我评价和反思

学习策略还可以帮助学习者进行自我评价和反思。通过评估自己的学习成果、总结经验教训、思考改进方法等，学习策略可以帮助学习者不断优化自己的学习方法和策略，提高自己的学习能力。

（二）历史学习的基本策略

概括来说，历史学习的基本策略包括以下几方面（图4-3）。

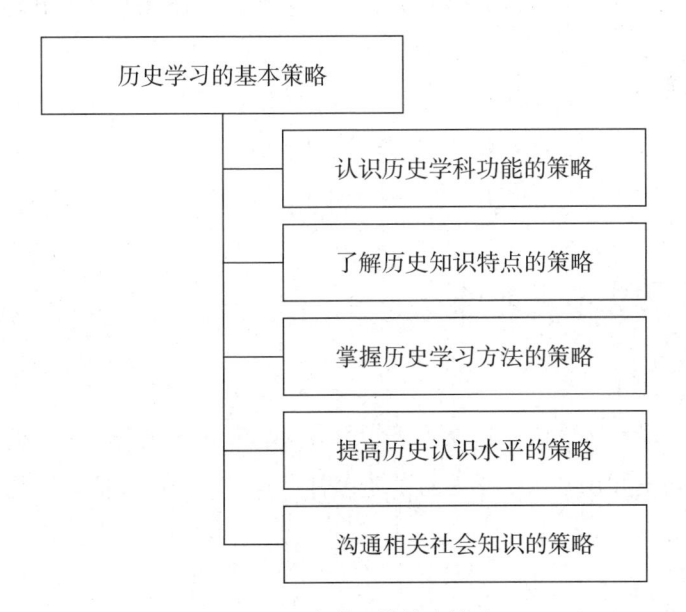

```
历史学习的基本策略
├── 认识历史学科功能的策略
├── 了解历史知识特点的策略
├── 掌握历史学习方法的策略
├── 提高历史认识水平的策略
└── 沟通相关社会知识的策略
```

图4-3 历史学习的基本策略

1.认识历史学科功能的策略

了解历史学科在个人发展和文化传承中的重要性，理解历史学科对于培养个人历史意识和历史素养的作用。

2.了解历史知识特点的策略

认识历史知识的多面性和复杂性，了解历史事件和人物的时代背景、社会环境、文化背景等因素，理解历史事件的因果关系和影响。

3.掌握历史学习方法的策略

通过阅读、记忆、归纳、分析等方法，提高历史学习的效率和质量。

4.提高历史认识水平的策略

通过深入思考、比较分析、批判性思维等方法，提高对历史事件和人物的理解和评价能力。

5.沟通相关社会知识的策略

将历史知识与其他社会学科知识进行联系和比较，理解历史与现实的关系，掌握跨学科的历史学习方法。

这些策略可以根据不同的学习目标和情境进行调整和运用，帮助学生更好地掌握历史知识，提高历史素养和认识水平。

二、历史学习方法

在历史学习中，学生应该注重学习方法的掌握和运用，以便更有效地理解和掌握历史知识。历史学习方法是多种多样的，主要包括以下几种。

第四章　历史学习

（一）听课的方法

听课是学生在课堂学习中的主要活动，是学生获取知识、信息的重要途径之一。在听历史课方面，可以采用以下方法。

1. 听

首先要认真听老师讲解，注意听老师提出的问题和同学的回答是否合理正确。其次要听好细节，历史学科中的细节很重要，听时要结合地图、图片等辅助材料，加深对历史事件、人物的印象和理解。

2. 思

在听的同时要积极思考，要抓住老师讲课的重点和难点，边听边思考，对于老师提出的问题要认真回答。同时要注意与现实生活联系，从历史中吸取经验教训，以便更好地理解现实社会。

3. 记

在听课的同时要做好笔记，因为历史学科需要记忆的知识很多，而且历史知识需要记忆和背诵。因此，要养成边听边记的习惯，把重要的知识点记录下来，以便课后复习和背诵。

总之，听历史课的方法包括认真听讲、积极思考和做好笔记三个方面。通过认真听课和思考，能够掌握更多的历史知识，提高历史学科能力。同时也要注意与现实生活联系，从历史中吸取经验教训，以便更好地理解现实社会。

（二）阅读教材的方法

阅读历史材料是学习历史的基本方式之一，也是接收历史信息的主要途径。要想获得丰富的历史知识，主要是通过阅读来实现。通常来说，阅读包括认读和解读两个步骤。

1.认读

认读是指对历史材料的文字、图片、图表等基本信息进行识别和阅读。在阅读历史材料时，我们需要先了解材料的来源、作者、时间、背景等相关信息，以便更好地理解材料的内容。此外，我们还需要注意材料的细节和重点，例如重要的时间节点、人物姓名、事件经过等。

2.解读

解读是指对历史材料进行深入的分析和理解，将其中的信息转化为自己的知识和理解。在解读历史材料时，需要结合自己的知识背景和思考方式，对材料进行深入的分析和理解。我们可以从不同的角度出发，例如政治、经济、文化等方面，对历史事件进行全面的分析，深入理解历史的发展和演变。

除了以上两个步骤，阅读历史材料还需要注意以下几点。

第一，保持客观和公正的态度。我们应该尽可能地了解历史事件的全部信息，避免受到个人情感和偏见的影响，保持客观和公正的态度。

第二，注重细节和重点。在阅读历史材料时，需要注重细节和重点，例如重要的时间节点、人物姓名、事件经过等，更好地理解历史事件的发展和演变。

第三，结合其他学科知识进行分析。历史学科不是孤立的学科，它可以与其他学科知识相互联系和影响。因此，在阅读历史材料时，我们需要结合其他学科知识进行分析，更好地理解历史事件的影响和意义。

第四，多角度思考和分析。在解读历史材料时，需要从不同的角度出发进行分析，例如政治、经济、文化等方面。这样可以更加全面地了解历史事件的发展和演变，避免出现片面和偏颇的理解。

总之，阅读历史材料是学习历史的基本方式之一，要想获得丰富的历史知识，需要注重认读和解读两个步骤，并保持客观和公正的态度、注重细节和重点、结合其他学科知识进行分析、采用多角度思考和分析等方法。

（三）观察的方法

历史学习的内容包含了许多抽象的文字信息，但也有很多信息以具象的形式出现，如历史地图、历史图片、历史照片、历史遗址、历史建筑等。在观察这些形象化信息材料时，需要动脑筋思考，并与所学的文字信息材料联系起来。理解历史事件的发展和演变，以及历史人物的行为和思想。

例如，在观察一幅历史地图时，需要关注地图上的地理名称、路线、颜色等基本信息，同时也要关注细节，例如地图的比例尺、图例等。在观察历史照片时，需要关注照片中的人物、地点、时间等信息，同时关注细节，例如人物的服饰、表情等。

通过观察这些形象化信息材料，可以更好地理解历史事件的发生背景、过程和影响，以及历史人物的思想和行为。同时也可以感受到历史的情境和氛围，更好地理解历史的价值和意义。

（四）搜集材料的方法

搜集材料是对信息进行查找、检索、选择等工作，主要的渠道有以下三种。

1.利用图书馆

这需要掌握图书目录检索方法，了解各种书籍的分类和摆放规律，便于快速找到所需资料。图书馆的电子资源也是非常重要的，可以通过关键词、作者、标题等方式进行搜索，获取大量的电子文档和数据库资源。

2.利用网络的搜索功能

这需要学会在网上搜索信息，掌握常用的搜索技巧和关键词组合方法，以便快速、准确地找到所需资料。也要注意筛选和鉴别网络信息的真伪，确保所搜集到的资料是可信可靠的。

3.社会调查（如问卷、访谈等）获取材料

这需要设计合理的调查问卷或访谈提纲，明确调查的目的和问题，以便获取有针对性的资料。也要注意调查对象的代表性和调查过程的科学性，确保调查结果的准确性和可信度。

在进行材料搜集的同时，还需要对材料进行筛选、整理、分类等工作。要选择具有代表性和可靠性的材料作为证据，对材料进行归纳整理，分类存放，以便后续的研究和使用。也要注意材料的更新和补充，及时更新陈旧过时的材料，补充新的重要资料，以保证研究的科学性和新颖性。

（五）运用证据的方法

搜集到的历史材料并不能直接作为证据使用，还需要对材料进行辨析和评估，以确定其价值和可信度。以下是对材料进行辨析的几个方面。

1.材料的来源

材料的来源是判断其可信度的重要因素之一。一般来说，来自官方文件、历史档案、权威媒体、学术著作等渠道的材料比较可靠。同时也要注意材料的出处和来源是否权威、可靠。

2.材料的作者

如果材料的作者是权威的、知名的历史学家或研究人员，那么材料的质量和可信度相对较高。但是，如果作者的观点偏颇、主观或缺乏独立性，那么材料的可信度可能会受到影响。

3.材料的性质

材料的性质也是判断其可信度的重要因素之一。例如，一手材料和二手材料相比，一手材料的可信度更高；原始材料和转述材料相比，原始材料的可信度更高。

第四章 历史学习

4.材料的真伪

在选择材料时,也需要考虑材料的真伪。有些材料可能是伪造或篡改的,有些材料可能有错误或不准确的。因此,需要对材料进行对比、鉴别和验证,以确保所使用的材料是真实可靠的。

在将材料用作证据时,需要注意以下几点。

第一,选用典型的、重要的材料来说明问题。这些材料应该是具有代表性和说服力的,能够有效地支持论点或结论。

第二,选用多且来源不同的相关材料来论证某一个问题。这可以增加论证的可信度和说服力,避免单一证据的片面性和不可靠性。

第三,全面认识和理解所选材料的含义,不能断章取义、主观臆断或随意阐释。需要对材料进行深入的分析和理解,以避免误解或误用。

第四,用证据支撑论点或结论。论点或结论应该是基于所使用的证据进行推理得出的,而不是主观臆断或随意阐述的。

另外,对历史证据的运用可以有多种方式,包括编写、分类、探查、概述、转述、质疑、推断等。这些方式可以根据不同的研究目的和研究领域进行灵活运用,以达到更好的研究效果和说服力。

(六)探究问题的方法

历史学习的重要意义在于对历史形成正确的认识,这就需要对具体的历史问题进行探究。在进行历史探究的过程中,需要特别关注两种关系。

1.因果关系

历史的因果关系是具体而复杂的,它包括了一因一果、一因多果、多因一果、多因多果等多种情况。我们需要进行全面而具体的分析,以确定历史事件之间的因果关系。

2.内在关系

历史事件的发展往往涉及政治、经济、文化等方面之间的关系,以及同类历史事物发展的纵向关联和国际形势与国内形势的联系等。这些内在关系需要我们进行具体问题具体分析，以便更好地理解历史事件的发展和演变。

在进行历史探究时，需要结合具体的历史背景和情境，对历史事件进行全面、客观、深入的分析和理解。同时还需要注重证据的收集和评估，来确保证据的可靠性和可信度。通过正确认识历史的因果关系和内在关系，可以更好地理解历史的发展和演变，从而更好地应对现实和未来的挑战。

（七）评价历史的方法

评价历史是要把历史放在具体的情境中加以考察，进行实事求是的分析。需要根据史实和证据进行分析，史论结合，论从史出。只有这样，才能形成客观、准确的评价。同时，还需要注重历史评价的公正性和客观性，在评价历史事件时，需要避免主观臆断和偏见，尽可能地收集和评估证据，从多个角度进行分析和解释。形成全面、公正的历史评价。

（八）记忆的方法

历史可以说是人类的一种集体记忆形式，我们学习历史知识，实际上是在丰富和延续这份记忆。不过，很多学生觉得记忆历史知识是一项艰巨的任务，甚至为此感到困扰。因此，掌握一些高效的历史记忆方法和策略就显得尤为重要。在记忆的道路上，有一些基本规则值得我们遵循，例如，将学习与记忆融为一体、定期复习、在深入理解的基础上进行记忆、灵活地运用集中与分散的记忆方式，以及从系统和结构的角度来强化记忆。我们还可以尝试多种具体的记忆方法，如联想记忆法、形象记忆法、逻辑记忆法、比较记忆法、归类记忆法、提纲记忆法、图表记忆法、谐音记忆法、歌诀记忆法和数字记忆法等，寻找到最适合自己的记忆途径。

（九）练习的方法

学习中的练习对于知识的巩固和技能的运用是至关重要的。在进行练习时，以下是一些重要的方法。

第四章　历史学习

1. 审题

明确题干的含义及要求，这是解题的第一步。通过仔细审题，我们可以了解题目所考察的知识点和题型的特点，从而更好地进行解题。

2. 熟悉题型规则

不同的题型有不同的特点和规则，我们需要熟悉各种题型的特点和规则，以便按照要求进行解题。例如，选择题的错误选项通常是干扰项，需要我们排除干扰；填空题的答案通常是唯一的，需要我们准确填写；简答题则需要我们用自己的语言组织答案等。

3. 把握答题准确性

在解答问题时，要尽量准确、完整地回答问题。这需要我们在平时练习时注重答题的准确性和完整性，通过反复练习来提高自己的答题水平。

4. 学会总结归纳

练习中遇到的问题要及时总结归纳，找出问题所在，并针对问题进行改进。同时要总结归纳解题方法，形成自己的解题思路和方法体系。

5. 多种方法解题

对于一些复杂的问题，可以尝试用多种方法进行解答，这样可以拓宽解题思路，提高解题能力。

6. 注重反馈和反思

在练习过程中，需要注重反馈和反思，及时发现自己的不足和问题，并加以改进。对自己的练习成果进行反思和总结，能够更好地提高自己的学习水平。

（十）复习的方法

复习是学习过程中的重要环节，尤其对于历史知识的学习来说，复习是必不可少的。不同的复习类型有不同的目的、范围和要求，需要在学习过程中根据具体情况进行了解和适应。以下是一些常见的复习类型及其特点。

1.随堂复习

随堂复习通常是在课堂上进行的，其目的是巩固当堂学习的知识，加深对知识重点和难点的理解。这种复习方式通常以教师引导为主，注重对具体知识的回顾和理解。

2.课下复习

课下复习是在课后进行的，其目的是巩固课堂上学到的知识，并对其进行深入的思考和总结。这种复习方式通常需要学生自主完成，注重对知识的整体把握和系统化。

3.阶段复习

阶段复习是在一个阶段或一个主题的学习结束后进行的，其目的是巩固这一阶段或主题内的知识，并对其进行系统的整理和归纳。这种复习方式需要学生对所学知识进行横向和纵向的梳理，构建自己的知识体系。

4.期末复习

期末复习是在一个学期或一门课程的学习结束后进行的，其目的是巩固本学期或本课程的知识点，为考试做好准备。这种复习方式通常需要学生对所学知识进行全面、系统地复习，做好应试准备。

5.高考复习

高考复习是为了应对高考进行的系统、全面的复习，其目的是巩固高中阶段所学的知识，提高应试能力，为高考做好准备。这种复习方式通常需要学生对所学知识进行全面、系统地梳理，结合模拟考试和练习进行实战训练。

在复习过程中，可以采用多种方法进行知识的巩固和应用。以下是一些常见的复习方法。

第四章 历史学习

第一，整理学习笔记。通过对学习笔记的整理，巩固课堂上学到的知识，加深对重点和难点的理解。同时也可以发现自己的不足之处，明确需要进一步学习和理解的内容。

第二，编写复习提纲。通过编写复习提纲可以将所学知识进行系统化的整理和归类，有助于形成自己的知识体系，同时也可以发现自己的薄弱环节，明确需要加强的方面。

第三，重点阅读。重点阅读是指针对课堂上学到的重点和难点进行深入的阅读和理解，加深对知识的掌握和理解。这种方法可以帮助我们更好地掌握关键知识点。

第四，比较相关的知识。比较相关的知识是指将不同知识点之间进行比较和关联，加深对知识的理解和记忆。这种方法可以帮助我们更好地将知识点之间建立联系，提高记忆效果。

第五，对知识进行分类与归纳构建知识体系。通过对所学知识进行分类、归纳和整合，可以构建自己的知识体系，有助于加深对知识的理解和记忆。这种方法可以帮助我们更好地组织和理解知识点之间的关系。

总之，复习是学习过程中的重要环节之一，对于掌握历史知识是必不可少的。不同的复习类型有不同的目的、范围和要求，在学习过程中根据具体情况进行了解和适应。同时也可以采用多种方法进行知识的巩固和应用，如整理学习笔记、编写复习提纲、重点阅读、比较相关的知识、对知识进行分类与归纳构建知识体系等。

第五章 历史教师教育与素养提升

在教育的世界里，教师被誉为是塑造未来的雕塑家，在培养学生的思想、情感、技能和知识方面起着关键作用。对于历史这门学科来说，历史教师的作用尤为突出，他们承载着传递历史知识、塑造公民意识以及弘扬社会价值观的使命。本章即对历史教师教育及素养提升方面的知识进行研究。

第五章 历史教师教育与素养提升

第一节 历史教师的基本素养

一、历史教师的思想道德素质

历史课程是一门具有深厚思想性和教育性的文化基础课程，而历史教师在这一教育过程中充当着学生的指引灯塔。他们的工作远远超出了传统的教学任务，承担着建设社会主义精神文明以及塑造学生思想灵魂的重任。这种崇高的职责使得历史教师必须在多个方面达到相应的标准。他们不仅需要具备坚定的政治立场，还要展现出对工作的热爱和敬业精神，同时具有高尚的职业道德。只有这样，历史教师才能有效地引导学生探索历史、理解历史，并从中学习和汲取历史经验。

（一）要有坚定正确的政治方向

历史课程不仅仅是对历史事件的简单讲述，而是通过历史事件的解读和分析，引导学生理解国家的发展历程、民族文化的传承以及社会制度的变迁。在这个过程中，历史教师需要具备正确的政治观念和思想立场，才能正确地引导学生理解历史，从而形成正确的历史观和国家观。

历史教师要有坚定正确的政治方向，首先要深入学习和理解马克思主义、毛泽东思想、邓小平理论、三个代表重要思想、科学发展观以及习近平新时代中国特色社会主义思想等党的基本理论和路线方针政策。只有通过深入学习，才能真正理解党的指导思想的内涵和意义，从而在历史教学中自觉贯彻党的路线方针政策。

其次，历史教师要坚定对党的领导和社会主义事业的信仰。只有自己相信并且深刻理解党的理论和政策，才能在教学中传递正能量，引导学生树立正确的价值观和政治信念。

最后，历史教师要时刻关注国家大事和社会热点问题，积极参与各种政治活动和社会公益事业，以身作则地为学生树立良好的榜样。

（二）要有爱岗敬业的精神和良好的职业道德

历史教师作为教育事业中的一员，需要具备爱岗敬业的精神和良好的职业道德。

首先，爱岗敬业的精神是历史教师的基本素质之一。历史教师需要热爱自己的职业，对历史教育事业充满热情和投入。要具备高度的责任感和使命感，以教书育人为己任，全心全意地投入到历史教学中，为学生的成长和发展尽心尽力。同时，历史教师还需要具备勤奋努力、刻苦钻研的精神，不断提升自己的专业素养和教学水平，以更好地为学生服务。

其次，良好的职业道德是历史教师的必备素质之一。历史教师作为学生思想的引导者，需要具备高尚的道德品质和良好的行为习惯。他们要遵守职业道德规范，做到诚实守信、廉洁自律、严于律己，以身作则为学生树立良好的榜样。同时，历史教师还需要具备宽容、包容、耐心等品质，倾听学生的需求和问题，关心学生、尊重学生，为学生提供良好的学习环境和成长条件。

总之，历史教师需要具备爱岗敬业的精神和良好的职业道德，才能更好地履行自己的职责和使命。他们要热爱自己的职业，尽心尽力地为学生服务，同时具备高尚的道德品质和良好的行为习惯，为学生树立榜样。只有这样，才能培养出更多具备历史素养和社会主义核心价值观的优秀人才。

（三）要有良好的史德、高尚的情感

史学工作者的核心品质在于史德，它是史学家的良心体现。以客观公正的态度评价历史，坦诚叙述真实历史事件，是我国历史学家的优良传统。历史教师有责任坚守史学的科学性，始终实事求是，将历史的原貌展现给学生。他们还应怀揣深厚而高尚的情感，因为情感是历史教学的基石。教师在教学中应爱憎分明，情感真挚，这样才能触动学生的内心，使学生在学习中受益。通过自身高尚的情感和卓越的史德，历史教师在潜移默化中熏陶学生，培养学生对祖国的热爱、对社会主义的信仰、对中华民族的深情厚意，并由此激发学生的自豪感、责任感和人生理想；还须努力塑造学生积极进取的人生态度和健全的人格，培养他们求真、求实的科学精神和态度；历史教师也要致力于拓宽学生的国际视野，培养学生的开放意识，使学生能够更好地理解和适应这个日益全球化的世界。

二、历史教师的知识结构

（一）历史教师要大量阅读历史学科专业书籍和教育教学方面的书籍

历史教师需要大量阅读历史学科专业书籍和教育教学方面的书籍，以不断拓宽自己的知识面和提高教学水平。

首先，阅读历史学科专业书籍可以帮助历史教师更深入地了解历史事件的背景、演变和影响，从而更好地把握教材内容，为学生提供更准确、更全面的历史知识。此外，通过阅读专业书籍，历史教师还可以不断更新自己的历史观念和认识，提高自己的专业素养和学术水平。

其次，阅读教育教学方面的书籍可以帮助历史教师更好地掌握教学方法和技巧，提高自己的教学能力和水平。通过学习教育学、心理学等理论知识，能够更好地理解学生的认知规律和心理特点，从而更好地设计教学方案和开展教学活动。经典名著的阅读也可以帮助历史教师汲取前人的教学经验和智慧，为自己的教学实践提供有益的参考和借鉴。

（二）历史教师要加强史学理论知识的学习和积累

史学理论知识是历史学科的基础和核心，它涉及历史事件的背景、原因、过程、影响等多个方面。历史教师通过加强史学理论知识的学习和积累，可以更深入地理解历史教材的内容，更好地把握教材的重点和难点，为学生提供更准确、更全面的历史知识。

同时，史学理论知识的学习和积累也有助于历史教师提高自己的教学能力和水平。历史教师通过学习史学理论，可以更好地掌握历史研究的方法和技巧，提高自己的研究能力和学术水平。此外，史学理论知识的学习和积累还可以帮助历史教师更好地理解学生的认知规律和心理特点，从而更好地设计教学方案和开展教学活动。

为了加强史学理论知识的学习和积累，历史教师可以采取以下措施。

1.阅读史学理论经典著作

历史教师可以阅读一些经典的史学理论著作，如《历史理性批判》《历史的起源与目标》等，了解史学理论的发展历程和基本概念。

2.参加史学理论培训课程

历史教师可以参加一些史学理论方面的培训课程或研讨会，系统地学习和掌握史学理论知识。

3.关注史学研究动态

历史教师可以关注最新的史学研究成果和动态，了解史学研究的最新进展和趋势。

4.总结教学经验

历史教师可以总结自己的教学经验和实践案例，加深对史学理论知识的理解和应用。

总之，加强史学理论知识的学习和积累是历史教师提高自己的学术水平和教学能力的重要途径之一。历史教师需要不断学习和更新自己的知识结构，以更好地为学生服务。

三、历史教师的能力素质

历史教师应具有一定的能力，概括来说，这些能力主要包括以下几方面（图5-1）。

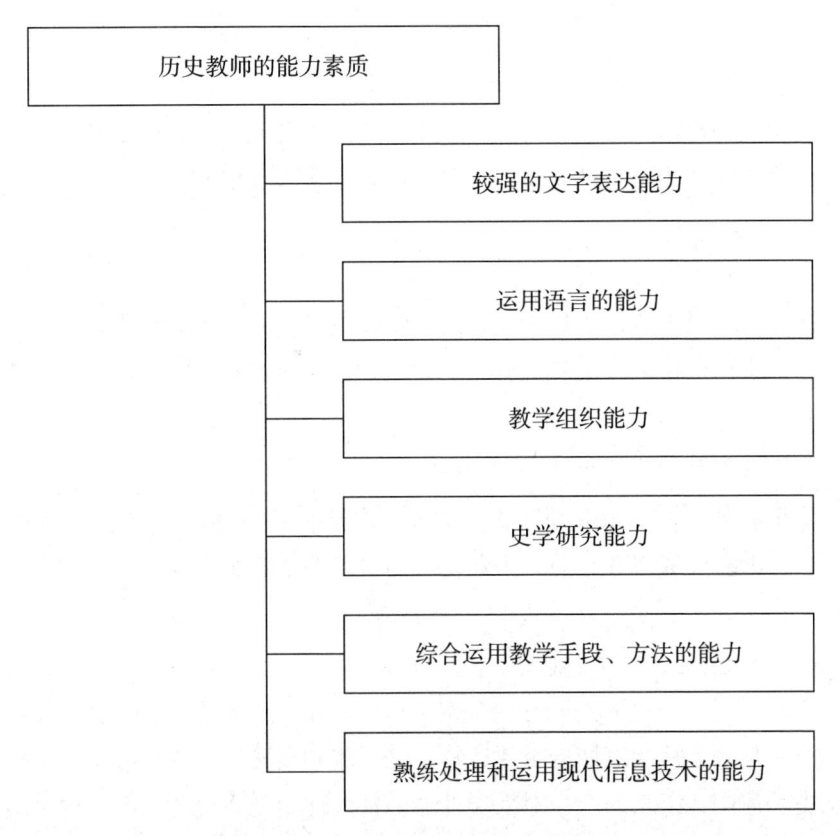

```
历史教师的能力素质
├── 较强的文字表达能力
├── 运用语言的能力
├── 教学组织能力
├── 史学研究能力
├── 综合运用教学手段、方法的能力
└── 熟练处理和运用现代信息技术的能力
```

图5-1　历史教师的能力素质

（一）较强的文字表达能力

在当今教师专业发展的背景下，历史教师需要不断加强自身的文字表达能力，更好地适应教育发展的需要。

为了提高自己的文字表达能力和研究水平，历史教师可以采取以下措施。

1.学习和掌握教育研究的方法和理论

历史教师可以学习教育研究的方法和理论，了解如何设计和实施教育研究，如何分析和解释数据，为开展教学研究提供方法和理论支持。

2.关注历史教学领域的最新进展和动态

历史教师可以关注最新的历史教学研究成果和动态，了解最新的教学理论和教学方法，为自己的教学研究提供有益的参考和借鉴。

3.总结和反思自己的教学实践经验

历史教师可以总结和反思自己的教学实践经验，发现教学中存在的问题和不足，提出改进的方案和措施，为自己的教学研究提供实践经验和思路。

4.积极参与学术交流和研究活动

历史教师可以积极参与学术交流和研究活动，与同行进行探讨和交流，分享自己的研究成果和经验，不断地提高自己的学术水平和研究能力。

（二）运用语言的能力

语言是人类社会发展的重要产物，是交流和表达思想的核心工具。在人类历史长河中，语言的产生对人类社会的推动作用是不可替代的。对于历史教师而言，语言素养和运用语言的技能至关重要。这是历史教学内容的独特的特点，要求教师具备高水平的语言运用能力。

（三）教学组织能力

教学组织能力是教师在教学过程中展现出来的重要技能，它是教师业务素质的关键组成部分。通过合理安排教学内容、精心设计教学活动以及有效

第五章　历史教师教育与素养提升

组织学生学习活动，历史教师可以达到教学的最优化。

在具体的课堂教学过程中，教学活动的设计和操作直接影响到学生的学习效果。历史教师要具备灵活运用各种教学方法的能力，根据教学内容和学生的特点选择最适宜的方法，营造生动活泼的学习氛围，引导学生积极参与学习活动。

（四）史学研究能力

史学研究能力是历史教师必备的重要能力之一。历史教师需要具备扎实的历史知识和研究能力，才能更好地引导学生学习历史，培养学生的历史意识和历史素养。

首先，史学研究能力可以帮助历史教师更好地理解历史事件和人物。历史涉及众多的事件、人物和文化背景。历史教师需要具备深入的研究能力，才能更好地理解历史事件的因果关系和影响，以及历史人物的思想和行为。只有深入理解历史，才能更好地引导学生学习历史。

其次，史学研究能力可以帮助历史教师提高教学质量。历史教师需要不断更新和深化自己的历史知识，通过学习最新的史学研究成果和教学理论，不断改进自己的教学方法和策略。更好地帮助学生掌握历史知识，提高历史素养。

最后，史学研究能力可以帮助历史教师更好地培养学生的历史意识和素养。历史教师需要具备正确的历史观和价值观，引导学生了解和探究历史事件和人物，培养学生的历史意识和素养。只有具备正确的历史意识和素养，才能更好地帮助学生认识和理解历史。

（五）综合运用教学手段、方法的能力

历史教师需要具备灵活运用各种教学手段和方法的能力，以激发学生的学习热情和兴趣，提高教学效果和质量。

首先，历史教师需要掌握多种教学手段和方法，例如讲解、演示、课堂讨论、小组合作、案例分析、角色扮演等。不同的教学手段和方法有不同的

适用范围和优势，需要根据具体的教学目标和情境进行选择和运用。

其次，历史教师需要具备跨学科的综合能力。历史学科与其他学科之间存在密切的联系，例如文学、艺术、政治、经济等。历史教师需要具备跨学科的知识和综合能力，将历史知识与相关学科知识进行联系和整合，以帮助学生更好地理解历史事件和人物。

最后，历史教师需要具备创新能力和应变能力。历史教学是一个不断发展和变化的过程，教师需要具备创新能力和应变能力，根据学生的需求和反馈，不断地调整和改进教学方法和策略，适应不断变化的教学需求。

（六）熟练处理和运用现代信息技术的能力

首先，历史教师需要熟练掌握各种现代信息技术工具和平台。例如，熟悉电子教案制作、多媒体展示、网络资源共享等常用的教学软件和平台，能够灵活运用这些工具来制作富有互动性和趣味性的教学材料，激发学生的学习兴趣和积极性。

其次，历史教师需要具备信息检索和整理的能力。网络上丰富的历史资源可以为教学提供宝贵的支持和补充，但如何快速准确地找到这些资源并加以整理和运用，就需要教师具备较高的信息素养和技能。教师应该能够熟练运用各种搜索引擎和学术数据库，迅速找到相关的历史文献、图片、音频和视频等资料，并对其进行有效的整理和运用。

再次，历史教师还需要具备利用现代信息技术进行教学的能力。例如，运用虚拟现实技术、增强现实技术等新兴技术手段，为学生打造沉浸式的历史学习体验，让学生更加直观地感受历史的场景和氛围。同时，还可以利用在线学习平台、社交媒体等工具，开展线上讨论、合作学习等活动，打破时间和空间的限制，拓宽学生的学习途径和方式。

最后，历史教师还需要不断学习和更新自己的信息技术知识和技能。信息技术的更新换代速度很快，新的工具和平台层出不穷。历史教师需要保持敏锐的信息嗅觉和学习动力，及时了解和掌握最新的信息技术动态和教学应用案例，不断提升自己的信息技术素养和教学能力。

第二节 历史教师专业发展

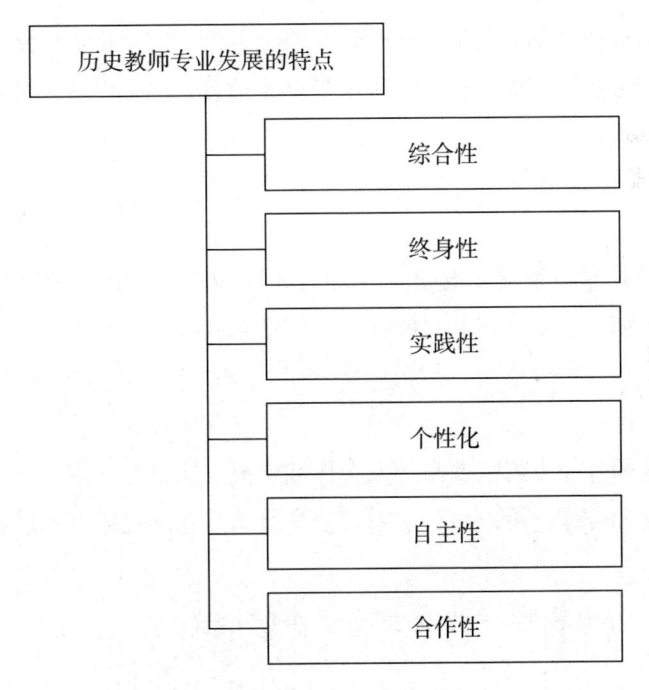

一、历史教师专业发展概述

历史教师专业发展涵盖了专业理想的建立、专业知识的深化、专业人格的塑造等方面，旨在提升教师的专业素养和综合能力，以更好地适应新时代教育发展的需求。

（一）历史教师专业发展的特点

历史教师专业发展的特点主要表现在以下几个方面（图5-2）。

```
历史教师专业发展的特点
├── 综合性
├── 终身性
├── 实践性
├── 个性化
├── 自主性
└── 合作性
```

图5-2 历史教师专业发展的特点

1.综合性

历史教师专业发展涵盖了多个方面,包括历史专业知识、教师专业技能、历史专业素养和教师专业情感等。这些方面相互关联、相互促进,构成了历史教师专业发展的综合体系。

2.终身性

历史教师的专业发展是一个贯穿整个职业生涯的过程,需要持续不断地学习和提高,以适应教育发展的需求。

3.实践性

历史教师的专业发展不仅需要理论知识的学习,更需要实践经验的积累。通过不断实践、反思和总结,才能不断提高自己的教学水平和专业素养。

4.个性化

每个历史教师都有其独特的个性和特点,专业发展也需要结合自身的特点和优势来进行。因此,历史教师需要制定适合自己的专业发展计划,实现个性化的发展。

5.自主性

历史教师专业发展需要自主性和自我驱动力的支持。教师需要自我认知、自我规划、自我监控和自我评估,实现自我提升和发展。

6.合作性

历史教师专业发展需要与他人合作和交流。通过与同事、学生、家长和专家的交流和合作,可以相互学习和分享经验,共同促进专业成长。

(二)历史教师专业发展的基本阶段

历史教师的专业发展是一个持续不断的过程,从他们进入教育领域开

第五章 历史教师教育与素养提升

始,一直贯穿整个职业生涯。在这个过程中,历史教师需要不断学习、实践和反思,以提升自己的专业素养和综合能力。

1.岗前学习阶段

岗前学习阶段是历史教师专业发展的重要阶段,这一阶段对于新任教师来说具有至关重要的意义。在这个阶段,新任教师需要接受一系列的教育和培训,以掌握历史学科的基本知识和教学技能,为日后的教学工作打下坚实的基础。

首先,岗前学习阶段需要掌握历史学科的基本知识和理论。历史是一门涵盖广泛、复杂而又有深度的学科,需要教师具备扎实的基本知识和理论素养。通过学习和掌握历史学科的基本概念、发展历程、研究方法和理论框架,新任教师可以更好地理解历史学科的本质和特点,提高自己的史学素养。

其次,岗前学习阶段需要培养教学技能和教学方法。教学技能和教学方法是历史教师专业发展的关键因素之一。通过学习和实践,新任教师能逐渐掌握备课、授课、评估等教学环节的技能和方法,提高自己的教学能力和水平。同时,还应学习如何运用多媒体技术、网络资源等现代化教学手段,使历史教学更加生动、形象、有趣。

最后,岗前学习阶段还需要培养教师的职业精神和教育理念。职业精神和教育理念是历史教师专业发展的内在动力和支撑。通过教育和培训,新任教师逐渐形成自己的职业精神和教育理念,树立正确的教育观念和教育价值取向,为日后的教学工作提供强有力的精神支持。

2.岗后发展阶段

在岗后发展阶段,历史教师需要不断学习提高自己的专业素养和综合能力。可以通过以下途径来实现这一目标。

(1)教学实践与自修相结合

历史教师需要在日常教学中不断积累经验,同时通过自修提高自己的专业知识水平。历史教师通过阅读专业书籍、参加学术会议和研讨会等方式来拓宽自己的视野和知识储备。

(2)参加一系列的继续教育学习

历史教师需要不断更新自己的知识和技能,以适应社会和历史学科的发展。历史教师通过参加各种培训课程、学术会议和研讨会等方式来提高自己的专业素养和综合能力。

（3）在职进修教育硕士专业课程

历史教师参加在职硕士课程，进一步提高自己的学历和专业素养。通过系统的学习和实践，更深入地掌握历史学科知识和教育教学理论，为成为专家型历史教师打下坚实的基础。

二、历史教师专业发展的外部驱动力

专业引领机制和考评制度是教师成长过程中不可或缺的外部驱动力，它们相互配合，为历史教师的发展提供了有力的支持和指导。

（一）专业引领机制

历史教师的专业成长需要积极寻求外部力量的推动，其中专业引领是关键之一。专业引领的人员既可以是历史专业研究人员，也可以是在教学一线成长起来的专家型教师。历史学科的专业研究人员具有深厚的理论功底、开阔的视野和丰富的信息来源。而专家型教师则因实践经验丰富、教学创新成果丰硕，在理论联系实际方面具有显著的优势。

在课程实施过程中，全国各地实验区都涌现出了一批专家型教师，其中有些甚至是在乡村中学成长起来的。专家教师的专业发展历程及其教学研究成果是非常值得年轻教师借鉴的。这些专家型教师在实践中积累了丰富的经验，并通过反思、总结和提炼，形成了一套行之有效的教学方法和策略。他们的成功不仅为其他教师提供了宝贵的经验和启示，也进一步印证了专业引领的多样性和灵活性。

因此，我们应该更加重视一线教师的主体性和话语权，充分发挥历史学科专家和专家型教师的优势，推动专业引领机制的不断完善和发展。只有这样，才能真正为历史教师的专业成长铺平道路，指明方向，实现教育事业的

第五章　历史教师教育与素养提升

可持续发展。

（二）教学考评和专业考评制度

教学考评与专业考评制度是教师工作中不可或缺的重要环节，它们对于衡量教师的教学水平和实际能力具有重要的意义。过去我们往往仅从学生的考试成绩来评估教师的教学效果，这种单一的评估方式并不能全面反映教师的教学能力和水平，而教学考评能够直接观察并评估教师的教学水平。

三、历史教师专业发展的内在动力

历史教师获得持续发展的内在动力构成了教师发展的基石。这种内在动力主要源自教育观念的提升，其中最重要的是确立"课程意识"和"发展意识"。

（一）课程意识

课程意识是教师应具备的重要专业意识，它是推动教师执行课程标准、实施课程方案的内驱力之一。历史教师的课程意识由以下三个部分构成：主体意识、生成意识和资源意识（图5-3）。

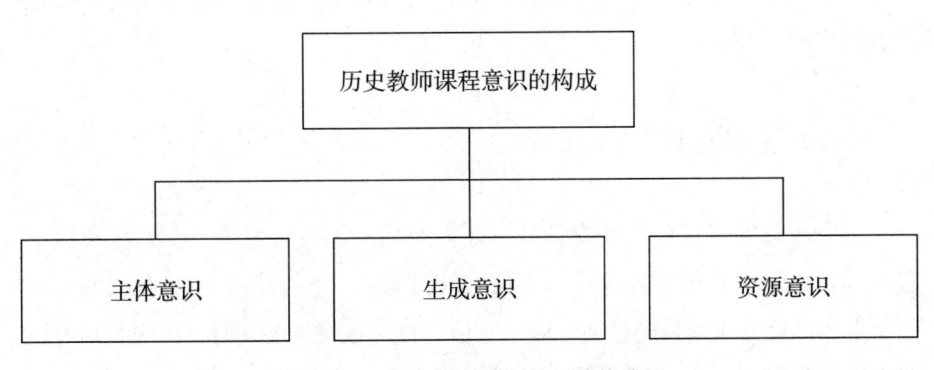

图5-3　历史教师课程意识的构成

1.主体意识

在当前的课程改革浪潮中,我们必须充分重视教师在课程实施过程中的核心地位。历史课程的有效推进,离不开每一位一线教师的积极参与和辛勤付出。历史教师不仅是课程方案的执行者,更是课程内容的探索者和创新者。由于历史课程的实施是一个充满创造性的过程,需要不断调整和完善,因此教师在教学过程中应积极探寻引导学生学习历史的有效方法,注重培养学生的历史意识和素养。只有当历史教师树立起主体意识,才会充分展现对课程开发和建设的热情,有助于推动教学事业的发展和进步。

2.生成意识

在课程的实施过程中,由于诸多变数的存在,使得这个过程充满了动态性和变化性。因此,生成意识在这一过程中显得尤为重要。具有生成意识的教师,能够全面把握课程目标的三个维度,结合教科书、课程资源和学生实际情况,对课程目标进行精细的分解和系统的设计。具备生成意识的历史教师,能从容应对不可预测的情况,及时捕捉到学生在历史学习中的闪光点,为历史教学注入新的活力,提高学生的学习参与度和主动性。

3.资源意识

资源意识是指教师积极寻找、有效利用各种课程资源的意识和能力。在资源意识的指导下,历史教师应该将教材作为一种工具来使用,而非简单地教授教材内容。此外,历史课程的实施需要不断开发和利用丰富的课程资源,如博物馆、历史遗迹、影视资料等,为实现课程价值和学生全面发展提供更加广阔的天地。

(二)发展意识

历史教师除了具备课程意识外,还需要强烈的发展意识。他们需要以动态的视角来全面看待课程改革,不仅关注课程内容的更新,还要看到课程改革带来的自身专业成长的机会。应当坚信,在迎接挑战的同时,历史教师可以抓住发展的契机。自课程改革启动以来,许多历史教师通过持续努力,取得了显著的进步，甚至有人脱颖而出，成为引领者。这不仅展示了他们的专业才华，也说明了挑战与机遇并存，关键在于如何把握和利用。为了提升自身的教学实践和专业能力，历史教师需要注意两个方面。一方面，他们需要不断更新知识体系，积极探索新的教学方法和策略；另一方面，他们需要与同行、专家进行广泛的交流和研讨，从中获取新的启示和指导。

在专业成长过程中，历史教师还需要培养良好的学习习惯和发展意识。许多历史教师之所以能成为公认的名师，是因为他们具备独立思考、勇于实践和善于反思的能力。历史教师应在坚定的信念和明确的发展方向指导下，灵活地寻找适合自己的发展路径。历史教师只有积极争取机会并勇于行动，才能不断拓展自己的专业领域并取得持续发展。

第三节　优秀历史教师教学素养的养成

在历史教学中，优秀教师的教学素养对于提高教学质量和学生的学习效果至关重要。可以通过以下途径来培养优秀历史教师的教学素养。

一、历史教师的职业规划

职业规划是培养优秀历史教师教学素养的重要途径。通过制定明确的职业目标和发展计划，可以更好地提升自己的教学素养。

（一）自我评估与目标设定

历史教师应该进行自我评估，明确自己的优势和不足。根据个人特点和需求，设定明确的职业目标，包括短期目标和长期目标。这些目标应该涵盖专业知识、教学技能、教育理念和职业态度等方面。

（二）持续学习与专业发展

为了实现职业目标，历史教师需要不断学习和进修。他们可以参加专业培训、学术会议、研讨会等活动，以提升自己的专业知识和技能。他们还可以通过阅读专业文献、参与课题研究、撰写学术论文等方式，持续拓展自己的专业视野和知识储备。

（三）实践与反思

在职业规划中，实践和反思是关键环节。历史教师应该将所学的知识和技能应用到实际教学中，同时关注学生的学习进步和反馈。通过反思教学过程和效果，不断优化教学方法和策略，提高教学效果。

（四）合作与交流

职业规划不仅需要个人的努力，还需要与同事、专家和家长的合作与交流。历史教师可以与同事共同探讨教学问题、分享经验和资源，实现共同进步。同时，还可以与专家建立联系，获取专业的指导和建议。教师与家长的交流可以帮助他们更好地了解学生的需求和特点，为教学提供更有针对性的支持。

（五）跟踪评估与调整

在实施职业规划的过程中，历史教师需要定期进行跟踪评估，检查自己是否按计划取得了进展。如果发现存在偏差或问题，历史教师需要及时进行调整和改进。通过持续的评估和调整，可以确保自己的职业规划更加有效和符合实际需求。

第五章 历史教师教育与素养提升

总之，职业规划是培养优秀历史教师教学素养的重要途径。通过制定明确的职业目标、持续学习与专业发展、实践与反思、合作与交流以及跟踪评估与调整等步骤，历史教师可以有效地提升自己的教学素养，为学生的成长和社会的发展做出更大的贡献。

二、历史教师的远程培训

教师远程培训是现代教育培训领域应用现代信息技术的创新产物。通过利用文档、音频和视频等现代信息技术手段，教师远程培训能够制作出更具吸引力和实用性的培训课程。这些课程可以通过互联网传播，使受训教师能够不受地理位置的限制便捷接受培训，从而提高他们的教学能力和素养。以下是一些关于远程培训对历史教师教学素养培养的积极作用。

（一）拓宽知识面和视野

远程培训提供了丰富的历史学科知识和教育资源，让历史教师可以更加深入地了解学科动态和前沿研究。通过学习优秀教师的教学经验和教学方法，历史教师可以拓宽自己的知识面和视野，从而更好地应对教学挑战。

（二）提高教学技能和能力

远程培训为历史教师提供了各种教学技能和方法的培训，包括课程设计、教学方法选择、课堂管理、评估与反馈等。通过学习这些技能和方法，历史教师可以提高自己的教学技能和能力，更好地满足学生的学习需求。

（三）增强跨文化交流与合作

远程培训可以让历史教师接触到不同地区和文化背景下的教学理念和方

法，增强他们的跨文化交流与合作能力；与来自不同地区的教师和专家交流，历史教师可以分享自己的经验和见解，共同促进历史教育的发展。

（四）培养创新意识和反思能力

远程培训鼓励历史教师具备创新意识和反思能力。通过参与培训课程和活动，历史教师可以了解新的教学理论和策略，结合自己的教学实践进行创新。同时，他们还应反思教学过程和效果，及时发现自己的不足并制定改进计划，实现持续的专业发展。

（五）增强历史意识和教育责任感

远程培训强调历史教师具备的专业意识和教育责任感。通过学习学科知识和教育理论，历史教师可以更好地理解历史教育的意义和价值，从而更加热爱自己的职业并关注学生的成长。

三、历史教师的在职脱产学习

历史教师的在职脱产学习是他们在职业生涯中追求专业发展和提升教学质量的重要途径。在在职脱产学习期间，历史教师需要注意以下几个方面。

（一）需要更新自己的历史教育教学观念

这包括对新课程所倡导的新型教师观、学生观、课程观、教材观和评价观的深入理解和积极实践。只有具备了这些先进的教育理念，才能在历史教学中进行有效的创新和改革。

（二）需要储备新课程所需的专业知识和相关知识

这不仅包括社会史、文化史和经济史等新课程这些新增内容，还包括其他与历史学科紧密相关的知识。通过不断学习和积累，历史教师可以更好地适应新课程的需求，提高教学质量。

（三）需要注重新课程教学评价的学习与研究

这有助于形成科学、有效的历史教学活动评价体系和评价方法。通过合理的教学评价，历史教师可以更好地了解学生的学习状况，调整教学策略，提升教学效果。

（四）需要学习并运用新的、行之有效的历史学科教学方法

这些方法应当基于深厚的历史学知识和教育理论，能够有效地应用于新课程的历史教学中。通过积极实践新的教学方法，历史教师可以激发学生的学习兴趣，提高学生的历史素养和思维能力。

四、历史教师的校本研修

历史教师的校本研修是培养优秀历史教师教学素养的重要途径之一。校本研修是一种以学校为单位，结合教师的教学实践，通过自我反思、同伴互助、专家引领等方式，提高教师教学能力和专业素养的培训方式。通过参与校本研修活动，历史教师可以提升教学能力和专业知识，促进同伴互助和团队成长，加强实践性和问题解决能力培养创新意识和研究能力，增强职业认同感和责任感。

（一）提升教学能力和专业知识

校本研修通过专题讲座、观摩教学、研讨交流等方式，为历史教师提供了一个学习和提升的平台。通过参与研修活动，历史教师可以学到新的教学理论和策略，学习历史学科的最新研究成果，掌握专业知识，提高教学技能。

（二）促进同伴互助和团队成长

校本研修强调同伴互助和团队合作。历史教师可以与其他教师分享教学经验和资源，相互学习和支持。通过集体备课、研讨和反思等活动，历史教师们可以共同解决问题，提高教学质量，实现团队成长。

（三）加强实践性和问题解决能力

校本研修注重实践性和问题解决能力的培养。历史教师可以通过观摩教学、案例分析、实践操作等方式，将理论知识与实践相结合，提高问题解决的能力。同时，他们还需反思教学实践，发现问题和不足，制定改进计划，实现持续的专业发展。

（四）培养创新意识和研究能力

校本研修鼓励历史教师具备创新意识和研究能力。通过参与研修活动，历史教师可以了解研究方法和技术，学习如何进行教育研究和教学研究。通过研究和反思教学实践，可以发现新的教学规律和策略，推动教学的创新和发展。

（五）增强职业认同感和责任感

校本研修强调历史教师的职业认同感和责任感。通过参与研修活动，历史教师可以更好地理解历史教育的意义和价值，更加热爱自己的职业并关注学生的成长。同时，还可以通过团队合作和交流，增强归属感和责任感，为学校和学生的发展做出更大的贡献。

五、历史课的"同课异教"

同课异教是指教师根据同一课程的目标和课题，进行个人教学反思或参与教师团队的研讨互助，针对不同的学习对象，采用不同的教学方式，并制定相应的教学设计方案开展教学。与集体备课强调"统一"的思维方式相反，同课异教更注重"求异"的研讨活动。历史课的"同课异教"是培养优秀历史教师教学素养的重要途径。这种教学实践活动具有以下优点。

第一，促进教师反思和成长。通过"同课异教"，历史教师可以深入反思自己的教学方式和效果，发现教学中的不足之处，并寻找改进的方法。同时，教师也可以从其他教师的教学实践中学习和借鉴，加快自身的成长步伐。

第二，提高教师的教学能力。"同课异教"要求教师针对同一课程和课题，运用不同的教学方式和教学设计，有助于教师提高教学能力和专业素养。通过与其他教师的比较和交流，教师可以不断完善自己的教学方法和策略，进而提高教学效果。

第三，增强教师的合作精神。"同课异教"需要教师之间的合作和互助，共同探讨教学问题、分享教学经验。有助于增强教师的合作精神和团队意识，促进教师之间的互动和共同成长。

第四，提升学生的学习兴趣和参与度。"同课异教"可以让学生体验不同的教学方式和方法，增强学生的学习兴趣和参与度。通过与其他教师的比较和交流，教师可以更好地了解学生的学习需求和特点，更好地满足学生的需求。

为了充分发挥"同课异教"的优点，历史教师在实践中需要注意以下几点。

第一，充分了解学生的特点和需求。不同的学生有不同的学习需求和特点，教师在进行教学设计时需要考虑学生的实际情况，选择合适的教学方式和策略。

第二，注重与其他教师的合作和交流。教师之间需要建立良好的合作关系和交流机制，共同探讨教学问题、分享教学经验。同时，教师也需要积极寻求反馈和建议，不断改进自己的教学方法和策略。

第三，注重教学设计和实施。在"同课异教"中，教师需要注重教学设计和实施，达到更好的教学效果。教师需要根据课程目标和内容，结合学生的实际情况，选择合适的教学方法和策略，并做好课前准备和课堂实施工作。

第四，不断总结和反思。在"同课异教"结束后，教师需要认真总结和反思教学实践中的优点和不足之处，并寻找改进的方法。同时，教师也需要积极与其他教师进行交流和讨论，以便更好地总结经验并应用到未来的教学中。

六、综合互动式培训

综合互动式培训方式有机地结合了自主发展、同行互助、专业引领、教学反思、教学相长和教学研究等多元化的要素，有效地推动了教师队伍的成长和提升综合课程的教学水平，进一步推动了新课程的实施。这种培训方式具有以下显著特点。

（一）广泛的参与人员

综合互动式培训的参与人员十分广泛，包括学生、师范生、新教师、资深教师、教研人员、大学教师和教育管理人员等。这使得培训具有更强的多元性和包容性，能够从多个角度和层面促进教师的专业发展。

（二）教学、培训和研讨的融合

这种培训方式将教学、培训和研讨紧密结合，以讲座、授课、观课、辩论和评课等活动形式为载体，将学生的学习、教师的教学实践、新教师观摩学习、资深教师分享经验和专家评估指导等环节有机地融合在一起。有助于教师在实际教学情境中获得新的理解和认识，提升自身的教学能力。

（三）鲜明的培训主题

每次培训都有一个鲜明的主题，这些主题通常以有效教学为核心，教师在教学实践中需要明晰的基本观念切入。有助于教师对教学问题进行深度思考，提升他们解决实际问题的能力。

（四）利用现代技术及时反馈

综合互动式培训充分利用现代技术，及时反馈全体参与者的认识和观点。在资深教师讲座、历史课堂教学观摩、教师辩论等环节中，所有参与者都可以将自己的看法以信息的形式发至培训平台，及时在屏幕上展示出来。这使得每个人都有机会表达自己的观点和想法，使得反馈更加全面和客观。活动结束前，每个人都需要填写对各培训环节的评语和建议，这有助于进一步改进和完善培训活动。

第六章　中外历史教育比较

在过去的几十年里，中国的历史教育经历了多次变革和发展。从强调知识传授到注重能力培养，从单一的课堂教学到多元化的教学方式，中国历史教育不断适应着社会变革和发展的需要。与此同时，外国历史教育也在不断发展创新，尤其在一些发达国家，历史教育的地位日益提升，教学内容和方式更加丰富多样。

在此背景下，对中外历史教育进行比较研究具有重要的现实意义。通过比较，我们可以找出中外历史教育的异同点，分析各自的优劣，为我国历史教育的改革提供参考和借鉴。此外，通过了解其他国家的成功经验和做法，也能为我国历史教育的发展提供新的思路和启示。

第一节　中外历史教育模式比较

在全球化日益加强的今天，对不同国家的历史教育模式进行比较研究，有助于我们深入理解历史教育的本质，发现优点和不足，为进一步改进和完善我国的历史教育提供有益的借鉴。本节将重点比较和分析中外历史教育模式，以期为我国的历史教育发展提供参考。

一、中国历史教育模式

中国历史教育模式主要是以教师讲授为主，以知识传授为主要目标，通过课堂教学、教材和考试等方式进行历史教育。这种模式注重学生对历史事件、人物、概念的理解和记忆，强调学生对知识的掌握和运用。具体来说，中国历史教育模式具有以下特点。

（一）以教师讲授为主导

在中国的历史教育中，教师是知识的传授者，通常采用讲授的方式，将历史知识传递给学生。这种方式强调学生对历史知识的记忆和背诵，以应对考试为主要目标。

（二）注重知识的系统性和完整性

中国的历史教育通常按照时间顺序，从古到今，从中国到世界，系统地介绍历史知识，强调学生对历史事件和人物的全面了解和掌握。这种模式注重历史知识的整体性和系统性，让学生能够全面了解历史的发展过程。

（三）注重记忆和背诵

在中国的历史教育模式中，记忆和背诵是学生学习历史的主要方法。教师会要求学生记忆大量的历史事件、人物、时间和地点等细节，目的是在考试中取得好成绩。这种模式强调学生对历史知识的熟练掌握和运用。

（四）强调政治和意识形态的教育

在中国的历史教育模式中，政治和意识形态的教育是不可或缺的一部分。教师会引导学生理解历史事件背后的政治意义和意识形态价值，培养学生的爱国主义情感和社会责任感。这种模式强调学生对国家历史和意识形态的认同和传承。

总体上来说，中国历史教育模式以教师讲授为主导，注重学生对历史知识的记忆和运用，强调学生对国家历史和意识形态的认同和传承。这种模式有助于学生掌握基础的历史知识，但往往过于强调知识的记忆和理解，容易忽视学生的主体性和创造性。

随着教育改革的不断深入，中国历史教育也在逐步探索新的教育模式。其中，一些新的教学方法和技术如项目式学习、问题解决式学习、角色扮演、模拟历史事件等被引入历史教育中，以激发学生的学习兴趣和动力，提高学习效果。此外，跨学科的融合和实际应用也逐渐受到重视，将历史与现实社会问题相联系，培养学生的综合能力和解决问题的能力。随着信息化技术的不断发展，数字化历史教育资源也越来越丰富，为学生提供了更多的自主学习和个性化学习的机会。

总之，中国历史教育模式正在逐步探索新的发展方向，目前注重学生的主体性和参与性、跨学科的融合和实际应用、数字化历史教育资源的发展等将成为未来历史教育的重要趋势。同时也在不断完善和发展现有的历史教育模式，更好地适应时代的需求和学生的需求。

二、其他国家的历史教育模式

其他国家的历史教育模式与中国的历史教育模式存在一些差异。以下是一些典型国家的历史教育模式。

（一）美国的历史教育模式

首先，美国的历史教育以知识传授为基础，注重学生对历史事件、人物、概念的理解和记忆。教师会通过课堂教学、教材和考试等方式，系统地介绍美国的历史知识，帮助学生掌握基础的历史事实和概念。美国的历史教育还注重史料的运用，通过展示历史文献、图片、视频等资料，帮助学生再现过去的历史面貌和形象。

其次，美国的历史教育注重学生的主体性和参与性。教师会引导学生主动探索和思考历史事件和人物的含义和影响，培养学生的批判性思维和独立思考能力。学生可以通过小组讨论、角色扮演、模拟历史事件等方式，积极参与历史学习的过程，发挥主体作用。

再次，美国的历史教育还强调跨学科的融合和实际应用。教师会将历史与其他学科如文学、艺术、社会科学等融合在一起，形成跨学科的学习模式。美国的历史教育还注重将历史与现实社会问题相联系，以培养学生的综合能力和解决问题的能力。这种教育模式有助于培养学生的综合素质和应用能力，适应现实社会的需求。

最后，美国的历史教育还注重现代技术的应用。教师会使用各种现代技术手段如音频、视频、互联网等，以各种方式传达美国的不同历史经验。例如，一些学校的历史课程将民权运动、女权主义、LGBTQ+社区、残疾人权益等议题纳入教学内容，强调美国的多元化和包容性。美国的历史教育还注重培养学生的信息素养和数字化学习能力，帮助学生利用数字化工具和资源进行自主学习和终身学习。

总之，美国的历史教育模式具有多元化的特点，注重知识传授、学生的主体性和参与性、跨学科的融合和实际应用以及现代技术的应用。这种模式有助于培养学生的综合素质和应用能力，以适应现实社会的需求。同时，美国的历史教育也在不断发展和完善中，以更好地满足时代的需求和学生的需求。

（二）英国的历史教育模式

英国的历史教育模式具有悠久的传统和独特的特点。在英国的教育历史中，教育体制经历了多次改革和调整，其中历史教育始终占据重要地位。英国的历史教育模式对其他国家的历史教育也产生了深远的影响。

第一，英国的历史教育非常注重培养学生的批判性思维。教师会引导学生对历史事件和人物进行深入的分析和评价，鼓励学生提出自己的见解和评价，而非简单地接受教材中的知识点。这种教育模式有助于培养学生的独立思考能力和判断力。

第二，英国的历史教育模式注重培养学生的历史研究和学术能力。学生需要掌握基本的历史研究方法和技巧，如文献查阅、资料分析、论文写作等。教师会引导学生进行独立的研究项目，鼓励他们深入挖掘历史事件和人物，并能够清晰地表达自己的研究成果。

第三，英国的历史教育模式注重培养学生的国际视野。教师会介绍不同地区和时期的历史知识，鼓励学生了解不同文化背景下的历史事件和人物。英国的历史教育还注重将历史与全球联系起来，帮助学生理解历史在全球化进程中的影响和作用。

第四，英国的历史教育模式注重培养学生的历史情感和社会意识。教师会引导学生关注历史事件中不同群体的作用和影响，帮助学生形成全面的认识和理解。还会关注历史事件对现代社会的影响，以及如何从历史中吸取教训，解决现实社会中的问题。这种教育模式有助于培养学生的社会责任感和公民意识。

第五，英国的历史教育模式注重结合地方史进行教学。教师会介绍当地的历史事件、人物和文化，帮助学生了解自己所在地区的历史背景和文化传统。这种结合地方史的教学方式有助于增强学生对历史学习的兴趣和归属感。

第六章 中外历史教育比较

第六，英国的历史教育模式注重多样化的教学方法。教师会根据不同的学习内容和学生的需求，采用讲解、讨论、小组合作、角色扮演、实地考察等多种方式进行教学。多样化的教学方式有助于提高学生的学习兴趣和参与度。

（三）日本的历史教育模式

日本的历史教育模式具有其独特的特点，其中最为突出的主要包括以下几方面。

1.对数据的记忆和处理

日本的历史教育非常注重学生对历史数据的记忆和处理。教师会要求学生记忆大量的历史数据和事实，包括日期、地点、事件等，帮助学生建立扎实的历史知识基础。这种对数据的记忆和处理不仅要求学生具备高效的记忆能力，还要求学生能够理解和分析这些数据背后的历史含义和影响。

通过对历史数据的记忆和处理，学生可以更好地理解历史事件的发展过程和规律，培养历史意识和历史情感。对数据的记忆和处理有助于培养学生的逻辑思维和分析能力，提高他们的信息处理能力。

2.思想性和探索性学习的培养

日本的历史教育模式注重对学生进行思想性和探索性学习的培养。教师会引导学生深入思考历史事件背后的思想、文化和社会意义，帮助学生理解历史事件的深层次含义和影响。

在课堂上，教师会采用多种教学方法，如讲解、讨论、小组合作等，引导学生从不同角度思考历史问题。教师还会鼓励学生提出自己的见解和评价，培养学生的批判性思维和独立思考能力。深入思考和理解历史事件的思想性和探索性，学生可以更好地理解历史对现实社会的影响和作用。

3.自主学习和合作学习能力的培养

日本的历史教育模式强调对学生的自主学习和合作学习能力的培养。教师会鼓励学生进行独立的研究和学习，培养他们的自主学习能力。同时，教师也会组织学生进行小组合作学习和讨论，培养他们的合作精神和交流能力。

4.与现实生活的联系和社会热点问题的探讨

日本的历史教育模式注重历史与现实生活的联系以及对于社会热点问题的探讨。教师会引导学生将历史事件与现实生活中的问题联系起来，以帮助学生更好地理解历史对现实社会的影响和作用。同时，教师也会组织学生对当前的社会热点问题进行讨论和探究，以培养学生的社会责任感和公民意识。

三、中国与其他各国历史教育模式的比较

通过比较中国与其他各国的历史教育模式，我们可以发现以下异同点。

（一）相同点

1.基础知识的传授和掌握

无论是中国还是其他国家，历史教育都重视基础知识的传授和掌握。学生需要掌握基本的历史事实、事件、人物等，以便更好地理解历史背景和发展过程。

2.学生的主体性和参与性

现代历史教育都强调学生的主体性和参与性，鼓励学生主动探索和思考历史问题，发挥学生的主动性和创造性。

3.政治和意识形态的教育

不同国家的历史教育都强调政治和意识形态的教育，目的是引导学生了

解本国的政治体系、价值观和文化传统等。

（二）不同点

1.侧重点和方法

不同国家的历史教育侧重点和方法有所不同。例如，英国的历史教育注重培养学生的批判性思维和独立思考能力，而中国的历史教育则更加注重基础知识的掌握和思想教育。

2.程度和方式

不同国家的历史教育在学生的主体性和参与性的程度和方式上有所不同。例如，美国的历史教育更加注重学生的参与性和讨论，中国的历史教育则更加注重教师的讲解和传授。

3.教育目标和方法

中国的历史教育目标通常强调培养学生的爱国主义精神、民族自豪感和历史意识。在教学方法上，中国历史教育注重记忆和背诵，以及对于历史事件和人物的理解和分析。其他国家的历史教育可能更注重学生的参与和讨论，以及对于历史问题的独立思考和批判性思维的培养。

4.教学内容和重点

中国的历史教育内容通常包括中国历史和世界历史，而其他一些国家的历史教育更侧重于本国历史和地方史的教学。中国历史教育在教学内容上更注重对于历史事件和人物的全面介绍和分析，其他国家的历史教育更注重对于特定时期、特定人物或特定事件的研究和探讨。

5.教育理念和文化背景

中国的历史教育受到儒家思想和传统文化的影响，强调尊重传统、重视礼仪和道德教育。其他国家的历史教育更注重批判性思维和创新能力的培养，以及对于多元文化和价值观的尊重和包容。

6.教育体制和管理方式

中国的历史教育体制和管理方式通常由政府主导，采取全国统一的教学计划和大纲，以及统一的考试和评价方式。其他国家的历史教育更注重地方和学校的自主权，以及教师的专业发展和学生的个性化需求。

需要注意的是，以上差异只是可能存在的部分，不同国家和地区的具体历史教育模式可能存在更多的差异和特点。随着全球化和教育改革的发展，各国之间的历史教育也在不断发展和变化，相互学习和借鉴。

第二节 中外历史教育课程设置对比

一、新中国成立以来历史教育课程内容体系的演变

自新中国成立以来，中国的历史教育课程内容体系经历了多次演变和调整，这些变化反映了不同时期国家对历史教育的需求和期望。

（一）20世纪50年代我国历史课程内容体系

1956年至1957年，教育部正式公布了新中国第一套完整的中学历史教学大纲，这个大纲对于我国中学历史课程内容的影响十分深远，奠定了我国中学历史课程的基础。

该套历史教学大纲包括了初中和高中两个阶段的教学内容，初中阶段的中国历史和世界历史各占一定比重，高中阶段则更加注重中国历史的教学。历史教学大纲将古今中外的历史内容融入其中，使学生可以全面了解人类历史的发展进程。

在该套历史教学大纲中，初中阶段的历史课程每周安排3课时，而高中

第六章　中外历史教育比较

阶段的历史课程也占据了一定的课时量。这个大纲将中国历史和世界历史相互融合，形成了两个完整的循环和一个半循环的课程体系。

该套历史教学大纲所设计的内容体系，注重培养学生的历史意识和历史素养，让学生通过学习历史了解人类社会的发展规律，认识历史对现代社会的影响和启示。同时，大纲也注重培养学生的独立思考能力和批判性思维能力，让学生能够自主思考和评价历史事件和人物。

这一时期历史教育课程的内容体系归纳起来主要有以下几个特点。

第一，该内容体系以历史唯物主义为理论基础，详细阐述了五种社会形态的演变过程，并以此为脉络，追溯了从原始人类到20世纪50年代的中国和外国的历史。大纲特别强调了中国各族人民在祖国历史进程中的贡献，强调了人民群众在历史发展中的主导地位，同时也强调了个别杰出人物对历史的积极影响。中国古代在相当长的时期内处于世界的领先地位，对亚洲乃至全球的人类文明发展产生了深远影响。中华人民共和国成立后，国家实现了独立和民族的解放，并开辟了社会主义道路，取得了举世瞩目的成就。1957年的大纲体系对我国中学历史课程体系产生了深远的影响。它不仅提供了更为全面和准确的历史视野，也帮助学生更好地了解中国和世界的历史进程，增强了学生的历史意识和历史责任感。同时，这套大纲还为历史研究和教学提供了新的思路和方法，推动了历史学科的发展。

第二，历史课程的设置呈现出一种螺旋上升的趋势。在初中阶段，中国和外国的历史被巧妙地融合为一个有机整体，通过详细教授重要的历史事件和人物的具体知识，帮助学生初步建立对历史发展规律的认识。在高中阶段，中国历史再次被作为一个独立领域进行深入探究，同时世界历史则聚焦于讲述英国资产阶级革命以来的重大历史事件。通过更加全面、系统的课程内容体系，学生得以更深入地认识理解历史发展规律和历史发展的必然趋势。这种螺旋上升的趋势使得学生在学习过程中能够不断积累历史知识，提升历史意识和历史思维能力，为未来的学习和生活打下坚实的基础。

第三，该内容体系以五种社会形态的演变为基本框架，按照王朝更迭的顺序来叙述中国历史，同时选取各重要地区和国家的重大历史事件和重要历史人物，构成世界历史的基本线索。这种内容体系与大学历史专业所使用的教科书的内容体系相同，可以被视为大学教材的"精简版"。

总之，1957年教育部正式公布的第一套完整的中学历史教学大纲，对我国中学历史课程内容的影响巨大，奠定了我国中学历史课程的基石。这个大纲所设计的内容体系至今仍然具有一定的指导意义。

（二）实行义务教育初期（1988—2000年）的历史课程体系

1986年，我国实施一项历史性的教育改革，即九年制义务教育。这一制度的推出，从根本上保障了每一个中国孩子接受基础教育的权利，无论他们来自城市还是农村，无论他们的社会经济背景如何。这一政策标志着中国教育向全民教育、普及教育的方向迈出了重要的一步。

随后在1988年，为了确保在推行义务教育的过程中，学生们能够接受到全面、系统、深入的历史教育，国家教育委员会（国家教委）制订了《九年制义务教育全日制初级中学历史教学大纲（初审稿）》。这个大纲为初级中学的历史课程提供了清晰的教学目标和内容指引，它强调了对中国及世界历史的基本了解和认识，旨在培养学生的历史意识、文化素养和公民意识。

到了1996年，国家教委再次制订了《全日制普通高级中学历史教学大纲（供试验用）》，这个大纲与九年义务教育相衔接，为高级中学的历史课程提供了教学指导和建议。这个大纲的推出，不仅保证了学生在义务教育阶段的历史教育得以延续，而且通过深化和拓宽历史教育内容，帮助学生更好地认识和理解自己的文化根源、国家历史和全球发展趋势。

在推行义务教育的同时，我国中小学的教育模式也发生了深刻的变革。传统的"一纲一本"的教育模式，即全国统一的教学大纲和教材，已经无法满足日益多样化的教育需求。因此，我国中小学开始打破这种一统天下的局面，出现了"多纲多本"的发展趋势。这意味着不同地区、不同学校可以根据自身的实际情况和教育需求，选择适合的教学大纲和教材，从而更好地满足学生的教育需求。这种趋势的出现，无疑提高了我国教育的灵活性和包容性，更加有利于培养出多元化、具有独立思考能力的优秀学生。

概括来说，实行义务教育初期的（1988—2000年）历史课程内容体系主要有以下几个特点。

第一，坚持以马克思主义为指导思想，这是历史课程教学的根本原则。

第六章　中外历史教育比较

强调我国自古以来就是一个统一的多民族国家，有助于培养学生的国家认同和民族团结意识，增强对中华民族的归属感和荣誉感。加强文化史内容的教学，系统地安排中国和世界的文化史内容，是对以往历史内容体系的重大突破，也是一项具有独到见解的大胆探索。这样的教学内容安排，可以帮助学生更全面地了解历史，拓宽他们的视野，提升他们的人文素养。适当加强近现代史的教学，并且紧密结合现实形势，这是为了培养学生从小坚定坚持四项基本原则的信念，帮助他们更好地理解和应对现实社会的问题和挑战。这种教学方式不仅能够增强学生的历史意识，也能够培养他们的社会责任感和公民意识。

第二，高中历史内容体系（由国家教委制定），坚持以马克思主义为指导思想，并体现时代精神。具体而言，这一体系充分反映了史学界和考古学界的最新研究成果，将历史下限延伸至20世纪90年代初，增加了亚洲史的内容，并大大增加了科学技术内容，其中包括第三次科技革命。此外，该体系还特别注重区分初中和高中历史教学大纲的层次性，确保教学内容具有足够的弹性，能够适应不同学生的需求。在此基础上，可以根据统一的基本要求编写多种程度的教材，并实现在一本教材中教学内容的伸缩性。这样的设计使得高中历史内容体系既具有严谨的学术性，又具有灵活的教学适应性。

第三，历史课程的多样化打破了长期存在的历史课程教材"一纲一本"的局面，呈现出"多纲多本"的特点。现在，国家教委制定了全国绝大多数地区采用的教学大纲和相应的教科书，同时，上海市也有自己独特的课程标准和上海版教科书。上海高中历史课程突破了以两门通史为基本框架的传统体系，富有创意地将哥伦布发现新大陆以来的中外历史合编在一起，这种中外合编的历史课程符合全球化的发展历程及其发展趋势。此外，历史课程的多样化还体现在高中阶段除了必修课程外，还设有选修课程，以满足不同学生的需求和兴趣。这样的设计使得历史课程更加丰富多元，也更好地满足了学生的个性化需求。

（三）我国历史新课程的内容体系

1.初中历史新课程

我国于2001年颁布的义务教育历史课程标准，全面贯彻了"以学生发展为本"的教育理念，旨在促进学生的全面发展。该课程标准中的"内容标准"部分，精心构建了涵盖中国古代史、中国近代史、中国现代史和世界古代史、世界近代史、世界现代史六大领域的课程内容体系。这一体系详细列出了陈述性知识（历史知识）、程序性知识（过程、方法和能力）以及情感态度价值观方面的具体要求。通过这一课程体系，学生可以系统地了解中国和世界的历史，掌握基本的历史知识和技能，培养积极向上的情感态度和价值观。

（1）中国古代史

①陈述性知识（历史知识）

中国古代历史起始于我国境内人类起源之时，直至1840年鸦片战争爆发前夕。中国经历了原始社会、奴隶社会和封建社会三个主要发展阶段。学生们应该学习并掌握中国古代的重要历史人物、历史事件和历史现象，以了解中国古代历史发展的基本脉络。

②程序性知识（过程、方法和能力）

学生们应该能够阅读那些旨在普及历史知识的读物，这些读物通常会用易于理解的语言来介绍历史事件和人物。学生还需要能够识别历史图表，这些图表通常会以视觉方式呈现历史事件或人物之间的关系。了解古代的纪年方法对于理解古代历史事件的时间顺序非常重要。正确计算历史年代是理解历史事件时间背景的关键技能。描述历史事件不仅仅是要记住事件的细节，还要理解事件的前因后果和它们在历史长河中的作用。学生们应该初步掌握一些学习历史知识的基本技能和方法，例如，如何利用历史资料进行研究和如何评估这些资料的可信度。通过这些技能和方法，能够更有效地学习和理解历史知识。

③情感态度价值观

通过学习历史，学生们可以了解到中国作为一个文明古国的悠久历史和丰富文化。这种深入的了解将有助于增强他们对学习历史的兴趣。同时，通

第六章　中外历史教育比较

过对中国历史上的伟大成就和人物的深入了解，激发他们的民族自豪感，并树立他们的民族自尊心和自信心。

（2）中国近代史

①陈述性知识（历史知识）

中国近代史始于1840年中英鸦片战争的爆发，一直持续到1949年南京国民党政权的覆亡。在这段历史时期，中国经历了清王朝晚期、中华民国临时政府时期、北洋军阀时期和国民政府时期。这段时期是中国从半殖民地半封建社会的逐渐形成到瓦解的重要历史阶段，也是中国社会发生巨大变革的关键时期。

在这段历史长河中，学生们应该了解中国近代重要的历史人物，如林则徐、魏源、曾国藩、李鸿章、左宗棠、孙中山、袁世凯等。他们在中国近代史上扮演了重要的角色，推动了中国的社会变革和发展。

同时，学生们还应该了解中国近代历史的重要事件和现象，如鸦片战争、太平天国运动、戊戌变法、辛亥革命、五四运动、北伐战争、抗日战争、解放战争等。这些事件和现象揭示了中国近代社会的演变和发展，以及中国人民为争取民族独立和解放所进行的艰苦斗争。

为了更好地理解中国近代历史的发展，学生们还应该掌握中国近代历史的基本线索。这包括中国近代社会的半殖民地半封建性质的形成、发展及其瓦解的过程，以及各个时期政治、经济、文化等方面的发展和变革。通过对基本线索的掌握，学生们将能够更全面地理解中国近代历史的背景、过程和影响。

②程序性知识（过程、方法和能力）

学生们应该能够初步阅读、理解和归纳一些基本的历史材料，例如文献、图表、照片和实物等。这些材料可能涉及不同的历史时期、地区和文化，通过阅读和理解这些材料，学生们能够更好地了解历史背景、过程和影响，从而更全面地思考和解释历史问题。

从不同的角度思考和解释历史问题是非常重要的。学生们应该考虑历史事件的时代背景、社会经济因素、文化背景和个人动机等因素，以便更全面地理解历史事件。同时，学生们还应该学会运用历史材料和证据来支持他们的观点，并了解不同类型的历史材料和证据所具有的优点和局限性。

在了解中国近代史的过程中，学生们应该认识到外国列强的侵略、没落的封建专制制度和综合国力的衰弱是中国一步步沦为半殖民地半封建社会的根本原因。这些因素相互作用，导致了中国在国际上的地位下降，遭受了列强的控制和剥削。因此，学生们应该了解中国人民为摆脱外来侵略、捍卫国家主权和民族尊严所进行的艰苦斗争和牺牲精神。

学生们应该了解历史上一些重要的抗击外来侵略的战役和人物，例如抗日战争中的英雄人物和事迹等。通过了解这些历史事件和人物，学生们将能够更好地理解中华民族的优良传统和文化价值观，从而更好地传承和发扬中华民族的伟大精神。

③情感态度价值观

通过学习中国近代史，学生们可以认识到外国列强的侵略、没落的封建专制制度和综合国力的衰弱是中国一步步沦为半殖民地半封建社会的根本原因。同时，他们也能够了解到中国人民为了摆脱外来侵略、捍卫国家主权和民族尊严所进行的艰苦斗争和牺牲精神。这些历史事件和人物激发了学生的民族自豪感和自信心，使他们更加深刻地认识到了爱国主义的重要性。

此外，学习中国近代史还可以帮助学生树立正确的历史观和国家观。通过对中国近代历史的了解，学生能够更好地理解中国的国情和文化背景，从而更全面地看待自己的国家和民族。这种对祖国和民族的热爱之情将有助于培养他们的社会责任感和使命感，激励他们为实现中华民族的伟大复兴而努力奋斗。

（3）中国现代史

①陈述性知识（历史知识）

中国现代史始于1949年中华人民共和国的成立，此后的历史进程包括新民主主义社会与社会主义社会两大历史阶段。这一时期见证了中国人民建立政权、巩固政权、探索与发展中国，使中国走向富强、民主、自立的过程。学生们应该深入了解中国现代史中的重要历史人物、历史事件、历史现象以及历史发展的基本线索。通过全面了解这些内容，他们能够更深入地理解中国现代史的发展过程和背景，进一步提升对历史的认识和理解。

②程序性知识（过程、方法和能力）

学生们应该能够阅读基本的历史文献资料，包括书籍、文章、报告等，

第六章　中外历史教育比较

以获取关于历史事件、人物和现象的信息。他们应该学会如何筛选和评估这些资料，确保所使用的信息的准确性和可靠性。

除了阅读历史文献资料，学生们还应该学会进行社会调查的基本方法。社会调查可以帮助他们了解现实社会中的问题，收集数据和信息，进而分析历史事件和社会现象。学生们应该掌握如何设计调查方案、实施调查、处理和分析数据等基本技能。

在掌握基本的历史文献资料和调查方法的基础上，学生们应该能够运用所学知识分析和解释历史问题。他们应该理解历史事件的发生背景、原因、影响和意义，并能够从多个角度思考和分析历史问题。通过分析和解释历史问题，学生们可以更好地理解历史的发展过程和规律，提高自己的历史意识和思维能力。

③情感态度价值观

了解我国的基本国情，遵循中国特色社会主义道路，集中力量进行社会主义现代化建设，是中华人民共和国宪法规定的国家根本任务。在1992年邓小平发表南方谈话后，党和国家的根本任务是集中力量进行改革开放和现代化建设，以确保小康社会成功建成。在短短几十年内，中国取得了巨大的发展成就，这不仅是中国自身的奇迹，也是世界历史上的一个奇迹。作为一个在国际事务中发挥越来越重要作用的国家，中国的崛起已经成为不可阻挡的趋势。

要全面认识我国发展的优势和不足，增强忧患意识、问题意识和使命意识，坚定信心、抓住机遇，努力实现中华民族的伟大复兴。

（4）世界古代史

①陈述性知识（历史知识）

世界古代史是一个充满变化与发展的时期，涵盖了人类从最初的起源到公元15世纪的历史。在这个时期，人类社会经历了从原始社会、奴隶社会到封建社会的转变，留下了丰富的历史遗产。

学生们应该了解世界古代史上重要的历史人物，如古埃及的法老、古希腊的哲学家和罗马帝国的统治者。这些人物在各自的时代中扮演了关键角色，对人类文明的发展产生了深远的影响。

同时，学生们还应了解世界古代史上的历史事件和现象，如古埃及的金字塔、古希腊的奥林匹克运动会和罗马帝国的扩张。这些事件和现象代表了不同文明的发展和演变,为世界古代史增添了丰富多彩的色彩。

在学习世界古代史时,学生们应该了解该时期发展的基本线索。这包括古代文明的起源、发展和衰落,以及不同文明之间的交流与影响。通过了解基本线索,学生们能够更好地理解世界古代史的复杂性和多样性。

②程序性知识(过程、方法和能力)

人类社会的发展和进步是一个复杂而多元的过程,其中充满了各种矛盾和冲突,但总体上呈现出不断发展和进步的趋势。这种趋势不仅体现在物质文明方面,如科技、经济、文化的进步,也体现在精神文明方面,如道德、价值观、信仰的提升。

人类文明的多元性、共容性和发展的不平衡性是推动人类社会不断发展的重要因素。不同的文明、不同的民族在相互交流、相互借鉴中共同推动了人类文明的进步。这种进步不是线性的,而是曲折的,但总体上,人类文明在不断向前发展。

世界各地区、各民族共同创造了人类文明的财富,这些财富包括物质文明和精神文明两个方面。不同的文明有其独特的贡献和价值,这些价值是人类的共同财富,不应被忽视或轻视。

在看待人类社会的发展和进步时,我们应该采用辩证的观点,既要看到其中的矛盾和冲突,也要看到其中的联系和协调。我们应该尊重多元文化和文明的共容性,理解不同文明之间的差异和相似之处,推动不同文明之间的交流和理解。

同时,我们也应该认识到发展的不平衡性是不可避免的现象,这不仅体现在不同地区和民族之间,也体现在同一地区和民族内部。我们应该采取积极的措施,推动欠发达地区和民族的发展,缩小发展差距,实现人类社会的全面发展和进步。

总之,人类社会的发展和进步是一个充满矛盾和冲突的过程,但总体上呈现出不断发展和进步的趋势。学生们应该采用辩证的观点看待这个过程,尊重多元文化和文明的共容性,认识到发展的不平衡性并采取积极的措施,推动欠发达地区和民族的发展,实现人类社会的全面发展和进步。

第六章 中外历史教育比较

③情感态度价值观

培养正确的国际观念，塑造一种理解和尊重不同民族文化的开放心态，以便能够吸收和借鉴其他民族的优秀文化元素，促进文化的交流与融合。

（5）世界近代史

①陈述性知识（历史知识）

世界近代史是16世纪前后至20世纪初资本主义社会形态酝酿、产生和发展的历史。在这个时期，人类社会经历了巨大的变革，从相对孤立和相互隔绝的状态逐渐发展成为一个紧密联系、相互依赖的世界一体化阶段。学生应该了解这个历史阶段中重要的历史人物、历史事件、历史现象和历史发展的基本线索。

首先，学生需要了解世界近代史中重要的历史人物，如欧洲的探险家、政治家、科学家和艺术家等。这些人物在资本主义的兴起和发展过程中发挥了重要作用，他们通过探险、政治斗争、科学研究和艺术创作等方式推动了社会的进步和发展。

其次，学生需要了解世界近代史中的历史事件和现象，如新航路的开辟、殖民扩张、资产阶级革命、工业革命、世界市场形成等。这些事件和现象标志着资本主义的产生和发展，对人类社会产生了深远的影响。学生需要理解这些事件和现象的背景、原因、过程和影响，更好地理解世界近代史的发展。

最后，学生需要了解世界近代史发展的基本线索。这个时期的历史发展可以分为几个阶段：早期资本主义的产生和发展、资产阶级革命和工业革命、帝国主义阶段等。学生需要理解这些阶段的历史背景、发展过程和影响，以便更好地理解世界近代史的发展。

②程序性知识（过程、方法和能力）

运用科学的历史观，分析资本主义社会制度的历史进步性和野蛮性。资本主义的兴起和发展带来了生产力的巨大飞跃，促进了物质财富的增长和社会文明的进步。然而，资本主义也存在着剥削和压迫的问题，导致贫富差距扩大和不平等现象的出现。资本家为了追求利润而不择手段，导致了许多社会问题和政治动荡的发生。

同时，学生也需要认识到马克思主义诞生的重大历史意义。马克思主义提供了科学的世界观和方法论，为全世界无产阶级提供了强大的思想武器。

它深刻地揭示了资本主义社会的基本矛盾和规律，为解决资本主义社会问题提供了理论依据。

殖民地人民的反抗斗争具有正义性和合理性。殖民地人民为了争取独立和自由而进行的反抗斗争是为了维护自身的利益和尊严。这种反抗斗争不仅是对殖民主义的挑战，也是对世界和平与稳定的维护。因此，应该尊重殖民地人民的反抗斗争，并理解其正义性和合理性。

③情感态度价值观

初步培养了对历史发展和社会进步的认知和意识，形成了对历史正义的责任感和热爱和平的价值观念，树立了以人为本的价值观。

（6）世界现代史

①陈述性知识（历史知识）

世界现代史主要反映了自第一次世界大战和俄国十月社会主义革命以来世界历史的基本进程。这一时期出现了许多重要的历史人物、历史事件和历史现象，这些事件和人物对世界的发展产生了深远的影响。

学生需要了解世界现代史的重要历史人物，如列宁、斯大林、毛泽东、罗斯福等。这些人物在不同的时期和地区都发挥了重要的作用，他们的思想和行动对世界历史的发展产生了深远的影响。学生还需要了解一些重要的历史事件，如第二次世界大战、冷战、全球化等。这些事件改变了世界的格局和人类的生活方式，对世界的发展产生了深远的影响。

此外，学生还需要了解一些重要的历史现象，如社会主义和资本主义的竞争、全球化和反全球化的思潮等。这些现象反映了人类社会的多样性和复杂性，对世界的发展产生了深远的影响。

在学习世界现代史的过程中，学生还需要了解世界现代史发展的基本进程和总趋势。从第一次世界大战到现在的近一个世纪里，世界经历了巨大的变化和发展。从战争到和平，从专制到民主，从贫穷到富裕，人类社会在不断发展和进步。然而，人类社会也面临着许多挑战和问题，如战争、贫困、环境问题等。因此，学生需要了解这些挑战和问题，并思考如何解决这些问题，为人类的未来做出贡献。

②程序性知识（过程、方法和能力）

以实事求是的科学态度理解和分析历史与现实问题，增强国际意识，以

第六章 中外历史教育比较

开阔的视野、开放的心态看待世界，吸纳人类共同创造的文明成果，了解当代世界的多样性、多元性和复杂性，树立忧患意识，这些都是作为学习者应该具备的重要素质。

首先，实事求是的科学态度是学生理解和分析历史与现实问题的基石。学生应该以客观、公正、理性的态度去对待历史和现实问题，不偏听偏信，不盲从跟风，而是通过独立思考和深入分析，得出自己的结论。只有坚持实事求是，才能真正理解历史和现实问题的本质，找到解决问题的正确方法。

其次，增强国际意识，以开阔的视野、开放的心态看待世界，是应对全球化时代的必要素质。应该了解和尊重不同文化、不同价值观和不同制度，以开放的心态去学习和吸收人类共同创造的文明成果。只有这样，才能在全球化的进程中更好地融入世界，发挥自己的作用。

再次，了解当代世界的多样性、多元性和复杂性，是应对复杂世界的关键能力。应该认识到，世界是多元的、复杂的，各种力量和因素相互交织、相互影响。只有深入了解世界的多样性、多元性和复杂性，才能更好地理解世界的变化和发展趋势，更好地制定自己的策略和行动方案。

最后，树立忧患意识，是应对未来挑战的重要品质。只有具备忧患意识，才能时刻保持警觉，不满足于现状、不墨守成规，而是积极进取、不断创新，推动人类社会的进步和发展。

③情感态度价值观

以实事求是的科学态度去理解和分析历史与现实问题，有助于增强国际意识。以开阔的视野和开放的心态看待世界，吸纳人类共同创造的文明成果，了解当代世界的多样性、多元性和复杂性，树立忧患意识，增强历史使命感和社会责任感。立志为促进人类进步事业奉献自己的力量，为构建和谐世界贡献自己的力量。

（7）初中历史新课程内容设计的特点

①体现"以学生发展为本"的教育思想

在21世纪的课程改革中，明确提出了"以学生发展为本"的指导思想，这一思想也极大地影响了课程设计的理念。初中历史课程的标准强调，应避免专业化、成人化的倾向，克服重知识、轻能力的不足，不应过分追求历史学科体系的完整性。相反，应该减少深奥的历史理论和概念的讲解，增加贴近学生生活、贴近社会的内容，以促进学生的终身学习。

在课程内容体系的构建上，做出了突破性的改变。例如，中国古代史的教学不再局限于王朝体系，而是以历史专题为基本构架，选取了重要的历史人物、历史事件和历史现象，构建成学生的学习体系。此外，初中历史课程的内容体系也更加关注人类文明的发展历程，包括物质文明、政治文明和精神文明，不再过分强调"阶级斗争为主线索"。在叙述人类发展历程时，强调了人类在"求生存""求发展"过程中的顽强奋斗精神。

这些改变不仅反映了对教育的新理解，也体现了对历史的新认识。希望通过这样的方式，让历史课程更加贴近学生，更加生动有趣，同时也能够激发学生对人类历史的探究兴趣，培养他们的批判性思维和创新能力。

②陈述性知识与程序性知识密切相联（知识、能力与过程、方法密切相联）

初中历史课程标准在"内容标准"中详细列出了具体的学习内容与要求，这些要求涵盖了知识与能力、过程与方法、情感态度价值观三个维度的目标。根据现代认知心理学的广义知识理论，我们可以将知识细分为陈述性知识和程序性知识。其中，陈述性知识对应的是历史事件、人物和现象等具体史实，而程序性知识则对应的是历史学习过程中的方法、技能和能力。这种分类方法有助于我们更好地理解和指导学生的学习过程，提高他们的历史素养和思维能力。

课程标准按照中国古代史、中国近代史、中国现代史和世界古代史、世界近代史、世界现代史的顺序，详细列出了具体的学习目标。这些目标不仅关注历史知识的掌握，还强调历史能力的培养。同时，学习过程中涉及的方法、技能与历史知识、能力紧密相连，相互促进。这种结构有助于学生全面了解历史内容，提高历史素养和思维能力。

因此，我们可以说，初中历史课程中的陈述性知识与程序性知识密切相关，形成了显著的特点。这种特点使得学生在学习历史时，不仅能够掌握基本的历史知识，还能够通过运用适当的学习方法，培养和提高自己的历史能力。同时，情感态度价值观的目标也贯穿于整个学习过程中，帮助学生形成正确的历史观和价值观。

第六章　中外历史教育比较

③直线式简洁明了的内容体系

初中历史新课程以中国和世界的历史为内容，采取了直线式的排列方式，简洁明了地呈现出一个完整的历史发展循环。课程以重要的历史人物、历史事件和历史现象为核心概念，构建了历史发展的基本线索和总趋势。课程结构与内容体系不仅包含了重要的历史概念，而且揭示了历史发展的基本线索和总趋势，非常符合初中生的学习状况，有助于提高他们的历史素养和思维能力。

初中学生在认知发展过程中需要以具体的知识为基础，通过形成与掌握历史概念，进而理解历史发展的基本线索和总趋势。课程内容精选了重要的历史知识作为核心概念，这些核心概念相互关联，勾勒出了历史发展的基本线索和总趋势。这种结构有助于学生更好地理解历史发展的整体脉络，提高他们的历史素养和思维能力。

通过学习这样的课程内容体系，学生们可以建立起自身的知识结构，掌握古今中外历史发展的基本框架，并形成对历史发展总趋势的认知结构。这些知识结构和认知结构对于学生的终身发展来说，是至关重要的。它们不仅能够帮助学生更好地理解历史，还能够培养学生的思维能力、分析能力和判断能力，为未来的学习和职业生涯打下坚实的基础。

2.高中历史新课程

为了进一步推进素质教育，21世纪启动了新一轮的课程教材改革。为此，教育部制定了一系列课程计划和各学科的课程标准，其中包括初中历史课程标准和高中历史课程标准。

高中历史课程内容体系由必修课和选修课组成。必修课包括3个学习模块，共有25个学习专题。这些专题涵盖了历史上的重要事件、人物和文化，帮助学生了解人类历史的发展脉络。

此外，高中历史课程还提供了6个学习模块的选修课，共有41个学习专题。这些专题涉及更深入的历史内容和特定的研究领域，为学生提供了更广泛的学习选择。

通过必修课和选修课的结合，高中历史课程内容体系为学生提供了全面而深入的历史教育。这种教育不仅帮助学生了解人类历史的发展过程，还培养学生的历史意识和批判性思维,提高学生的综合素质。

3.21世纪中学历史课程内容体系特点

在21世纪的课程教材改革中,明确提出了"以学生发展为本"的指导思想,这一思想引领了课程理念的显著变化。根据《基础教育课程改革纲要(试行)》,课程内容的改革旨在改变过去"难、繁、偏、旧"以及过于注重书本知识的现状。加强课程内容与学生生活以及现代社会和科技发展的联系,关注学生的学习兴趣和经验,精选终身学习必备的基础知识和技能。这一改革旨在使课程内容更加贴近学生的实际生活和未来发展,激发他们的学习兴趣和主动性,培养他们的创新精神和实践能力。同时,改革还强调了课程内容的现代化和实用性,使学生能够掌握适应未来社会发展的必备技能和知识。

对于中学历史课程而言,一个核心问题是如何将历史科学体系转化为历史学习体系,即将史学界的研究成果(历史科学体系)转化为适应历史教学、尤其是适合中学生学习的课程体系。这也是新一轮课程改革的重要目标和任务。

高中历史课程内容体系的变革力度很大,课程标准提出要避免与初中的重复,密切与生活和社会发展的联系,关注学生生活。新的高中历史课程内容体系采用了模块—专题式的课程内容体系,这是其最大的特点。专题式的课程内容体系可以更好地帮助学生了解历史事件的全貌,激发他们的学习兴趣和探究精神。同时,通过与生活和社会发展的联系,学生可以更好地理解历史对现代社会的影响和价值,提高他们的综合素质和公民意识。

二、美国历史学科国家课程标准中的内容体系

美国历史学科国家课程标准中的内容体系是全面而系统的,旨在为学生提供全面而均衡的历史教育。该内容体系主要包括以下几个方面。

首先,针对幼儿园至4年级的学生,课程标准名为《拓展儿童对世界时

空的认识》。这一阶段的历史学习主要强调对过去、现在和未来的区分，明确某一历史事件或现象的背景、内容和影响。同时，该阶段的学习还强调学生对历史事件或现象的时序理解能力，帮助他们形成对历史发展的宏观认识。

其次，针对5至12年级的学生，课程标准包括两个部分。一是《历史学科美国史国家课程标准：探讨美国的经历》，主要介绍美国的历史发展过程，包括政治、经济、文化等方面的变化。二是《历史学科世界史国家课程标准：纵览全球的发展》，主要介绍全球历史的发展过程，包括各大文明的发展历程、国际关系等。这一阶段的历史学习不仅要求学生掌握基本的历史事实和事件，还要求学生理解历史发展的脉络和趋势，分析历史事件的原因和影响。该阶段的学习还强调学生的历史批判性思维能力和跨文化理解能力。

美国历史学科国家课程标准强调使用多种教学方法来提高学生的学习效果。其中包括：利用多媒体资源进行互动式教学；组织学生进行小组讨论或角色扮演活动；引导学生进行调查研究或项目报告；利用模拟游戏或虚拟现实技术进行教学等。这些教学方法旨在激发学生的学习兴趣和主动性，提高他们的思维能力和实践能力。

三、英国历史学科国家课程标准中的内容体系

20世纪90年代，英国连续出台了三个历史学科国家课程标准，其中1999年的国家课程标准是经过1991年和1995年的基础进行调整、充实、完善而形成的。该课程标准的中心词是"追求卓越"。以下是对1999年课程标准所规定的教学内容进行简要述评。

（一）课程目标

1999年英国历史学科国家课程标准明确提出了课程目标，即通过历史科目的学习，帮助学生了解英国和全球的历史发展，培养他们的历史意识和历

史思维能力。课程目标还强调培养学生的批判性思维能力和跨文化理解能力，以适应全球化时代的需求。同时，追求卓越，体现高标准和卓越成就的观念贯穿于整个课程标准。

（二）学习内容

1999年英国历史学科国家课程标准按照历史时期和地域划分，将学习内容分为多个模块，以便学生全面了解历史背景和事件。具体包括以下内容。

第一，古代文明。包括古希腊、古罗马、古埃及等文明的发展历程。

第二，中世纪欧洲。包括基督教文明、封建制度、文艺复兴等时期的历史事件。

第三，近代早期世界。包括新航路的开辟、殖民扩张、工业革命等时期的历史事件。

第四，两次世界大战。包括战争背景、过程和影响等。

第五，当代世界。包括冷战、全球化、环境保护等时期的历史事件。

每个模块都涵盖了相关的政治、经济、文化等方面的发展，以便学生全面了解历史背景和事件。同时，课程标准的编制也注重与学科关键技能的培养相结合，将技能培养目标与课程内容紧密联系起来。例如，在学习过程中，学生需要运用批判性思维技能对历史事件进行分析和评价，同时还需要运用沟通技能与他人交流和分享自己的观点。此外，课程标准还强调了学生需要具备自主学习和独立思考的能力，以便更好地理解和掌握历史知识和技能。

总之，1999年英国历史学科国家课程标准的内容体系具有全面性、系统性和连续性等特点。通过不同阶段的学习，学生可以逐渐掌握历史知识和技能，培养历史意识和思维能力，以适应全球化时代的需求和个人发展的需要。同时，该课程标准也注重追求卓越和高标准的要求，为学生提供了更具挑战性的学习任务。

（三）教学方法

1999年英国历史学科国家课程标准提倡使用多种教学方法，包括讲解、讨论、小组活动、案例分析等。这些方法有助于激发学生的学习兴趣和主动性，提高学生的思维能力和实践能力。同时，课程标准还鼓励教师利用多媒体资源进行互动式教学，如使用电影、纪录片等辅助教学资源帮助学生更好地理解历史事件和背景。此外，课程标准还强调教师需要为学生提供具有挑战性的学习任务，培养学生的独立思考能力和解决问题的能力。

（四）评估与反馈

1999年英国历史学科国家课程标准强调评估和反馈在学生学习过程中的重要性。教师需要通过考试、论文、项目报告等多种形式对学生的学习情况进行评估，了解学生的学习进度和需求。同时，教师还需要给予学生及时的反馈和建议，帮助学生改进学习方法和提高学习效果。此外，课程标准还提倡对学生自我评估能力的培养，促进学生的自主学习和自我发展。

四、中、美、英三国的历史课程内容体系之比较

中国、美国和英国的历史课程内容体系各有其特点，以下是对它们的比较。

（一）历史时序和内容选择

中国的历史课程通常按照时间顺序，从古至今，介绍中国的历史发展。从中国古代史到中国近代史，再到中国现代史，课程内容以直线式排列，强调历史发展的连续性和阶段性。这种排列方式可以帮助学生了解中国历史的重要事件和演变过程，培养学生的历史意识和文化认同感。

美国的历史课程也按照时间顺序，从古至今介绍世界历史。美国的历史课程内容以螺旋式排列，强调历史事件的反复和变化。这意味着在美国历史课程中，学生可能会在多个时期和地区遇到相同的历史事件或主题，但这些

历史事件在不同时期和不同地区的表现形式和影响是不同的。这种排列方式可以帮助学生了解历史事件的复杂性和多样性，培养他们的批判性思维和分析能力。

英国的历史课程则将历史内容分为不同的主题，如政治、经济、文化等，以专题式的方式介绍历史。这种排列方式可以帮助学生了解历史的不同方面和主题，并从多个角度了解历史事件的影响和意义。英国的历史课程也注重批判性思维的培养，鼓励学生从不同的角度分析和解释历史事件。

（二）历史事件和人物

中国的历史课程注重历史事件和人物的介绍，尤其强调历史事件中的重大转折点；美国的历史课程也注重历史事件和人物的介绍，但更注重的是历史事件的发展过程和影响；英国的历史课程则更注重历史事件和人物的分析和理解，尤其是对历史事件背后的社会、政治和经济因素的探讨。

（三）历史观点和解释

中国的历史课程强调唯物史观和辩证唯物主义的方法论，注重对历史事件和人物的客观描述和分析；美国的历史课程则更注重多元文化和多元视角的解释，鼓励学生从不同的角度看待历史事件；英国的历史课程则更注重创新思维的培养，鼓励学生从不同的角度分析和解释历史事件。

（四）课程结构和内容设置

中国的历史课程结构较为严谨，内容设置以知识掌握为目标，注重学生对历史知识的记忆和理解；美国的历史课程结构较为灵活，内容设置以能力培养为目标，注重学生的批判性思维和分析能力的培养；英国的历史课程结构较为开放，内容设置以解决问题为目标，注重学生解决问题的能力和创新思维的培养。

第三节　中外历史教育改革分析

一、美国学校历史课程改革

20世纪50年代至70年代，美国学校的历史课程经历了一段低迷期。由于受到实用主义和效率至上的教育理念的影响，历史课程在教育中的地位逐渐下滑，被视为可有可无的选修课。当时，历史课程的教学方法也相对单一，主要采取讲授式教学，缺乏实践性和探究性。

进入20世纪80年代，人们对历史课程的看法开始发生转变。随着社会对多元文化和全球视野的重视，历史课程的地位逐渐得到恢复和加强。历史课程的内容也变得更加丰富多样，涵盖了不同地区、不同时期的历史事件和文化背景。历史课程的教学方法也得到了改进，开始注重学生的参与和探究，以培养学生的批判性思维和独立思考能力。

至20世纪90年代，历史课程已经成为美国全国核心课程之一。这一时期，美国政府和教育界开始认识到历史教育对于国家发展和文化传承的重要性，纷纷出台相关政策和措施来加强历史教育。加利福尼亚州推出的"新历史——社会科学"课程成为历史教育改革的一个里程碑，强调了历史与其他社会科学的融合，引起了美国教育界人士和公众的广泛关注。

布拉德利委员会是一个旨在推进全美学校历史教育的全国性学术团体，他们在这一时期提出了中小学人文社会科学课程体系。这个课程体系强调了历史与其他社会科学的融合，旨在为学生提供全面、深入的历史教育，培养他们的文化素养和全球视野。

20世纪90年代中期，美国教育部制订并颁布了国家课程标准，代表了美国学校历史课程的发展方向。这个标准规定了学生在历史课程中应该学习的内容和技能，确保所有学生都能够具备足够的历史知识和理解能力。国家课程标准还强调了跨学科学习和探究性学习的重要性，以培养学生的创新思维和实践能力。

总之，从20世纪50年代至70年代的历史课程低迷期，到20世纪80年代和90年代的历史课程得到恢复和加强，再到当前的历史课程成为核心课程并不断推进改革，美国学校的历史教育经历了曲折的发展历程。通过不断更新教学内容、探索新的教学方式和制定国家课程标准等措施，美国学校的历史教育得到了进一步的发展和改进。

二、英国学校历史课程改革

在20世纪五六十年代，英国学校的历史课经历了一场"危机"。这场危机主要是由于当时英国教育体制的问题和教育政策的变化所引起的。

在那个时候，英国的教育体制开始更加注重学术性学科，如数学、科学和语言等，而对于像历史这样的"软学科"的重视程度则有所降低。历史课程往往被视为一种记忆和复述历史的工具，忽视了对学生理解、分析和解释历史事件能力的培养。这导致了学生对历史学科的兴趣下降，历史课的教学质量也受到了影响。

面对这样的困境，英国的历史教育界人士开始积极地进行改革。他们认为，历史不仅仅是一系列事件的记忆和复述，更是一种理解人类行为、文化和价值观的途径。因此，英国开始从变革教学方式和教学内容入手，试图重新激发学生对历史学科的兴趣。

在教学方式上，一些教师开始采用更加生动、多样的教学方式，如角色扮演、讨论和辩论等。这些教学方式可以帮助学生更好地理解和参与历史学习，促进他们的思考和分析能力。同时，教师也开始关注教学内容的更新和深化，以反映历史的多样性和复杂性。教师开始将历史事件置于更广阔的背景中讲解，帮助学生理解历史事件的深远影响和相互联系。

随着改革的深入，英国的历史教育界开始更加深入地探寻历史教学的本质。英国开始重新思考历史教育的目的和价值，以及历史教育在英国教育体系中的地位。在这个过程中，历史教育被视为一种公民教育，它旨在培养学生的批判性思维、文化理解和国家认同感。

第六章　中外历史教育比较

到了90年代，英国连续出台了三个历史学科国家课程标准，进一步强化了历史的国家课程地位。这些标准明确了历史教学的内容和目标，以及学生在不同阶段应该达到的学习效果。这些标准的实施，进一步推动了英国历史教育的改革和发展。历史课程标准强调了历史教育在培养学生的公民意识、批判性思维和文化理解方面的重要性，鼓励学校开展更加丰富、深入的历史教学活动。

总的来说，英国20世纪五六十年代的历史教育"危机"促使历史教育界人士积极的改革和思考。他们通过变革教学方式、更新教学内容以及对历史教学本质的深入理解，使英国的历史教育得到了新的发展，并重新确立了它在英国教育体系中的重要地位。如今，英国的历史教育已经成为世界领先的典范之一，其教学质量和学术水平都得到了广泛的认可和赞誉。

三、法国学校社会科课程改革

20世纪70年代中期，法国进行了一次意义深远的课程改革，在全国范围内普遍开设了初中社会科课程，该课程旨在替代历史和地理课程。这一改革被视为是世界中小学课程改革史上的首创，然而实施效果并不理想。

这一改革背景是，当时的社会科学教育在法国受到越来越多的关注，人们认为社会科学教育对于培养学生的公民意识、文化理解和人际交往能力等方面具有重要作用。因此，法国的教育部门决定进行课程改革，加强社会科学教育，并将其纳入初中课程。

这一改革在实施过程中遇到了一些困难和挑战。首先，课程设计方面存在一些问题，例如课程内容不够丰富、缺乏深度，或者课程结构不够合理等。这些问题导致了学生对社会科课程的兴趣和参与度不高。

其次，教学方法也存在一定的问题。在实施初期，教师缺乏足够的教学资源和培训，无法有效地开展社会科课程教学。此外，由于社会科课程涉及社会、文化、政治等多个领域，对于教师的专业素养和知识储备要求较高，而当时缺乏足够的专业教师。

最后，学生和教师的接受度也是影响改革效果的一个重要因素。由于长期受传统学科的影响，部分学生和教师对社会科课程持怀疑态度，认为其缺乏学术性和专业性。这种观念和态度会影响到学生对社会科课程的投入和参与度。

在历经波折之后，法国于2000年又推出了高中阶段作为与历史、地理课并存的必修课的社会科课程。这一新的改革旨在更好地满足学生的需求，提高教育质量。

这一新的改革是基于之前的经验教训进行反思和调整。在课程设计方面，更加注重课程内容的丰富性和深度，同时注重课程结构的合理性和科学性。此外，教学方法也得到了改进，更加注重学生的参与和探究性学习。

同时，为了提高教师对社会科学教育的重视程度和专业素养，法国教育部门也采取了一系列措施，例如加强教师的专业培训、提供丰富的教学资源和案例、鼓励教师进行教学合作等。这些措施有助于提高教师的专业素养和教学能力，从而更好地实施社会科课程。

此外，法国教育部门还注重加强学生对社会科学教育的认知和兴趣。通过开展多样化的教学活动和探究性学习项目，帮助学生了解社会科课程的重要性和价值，激发他们对社会科学学习的兴趣和热情。

通过这次改革，法国社会科课程得到了更好的发展，并成为高中阶段的重要必修课程之一。这一改革对于其他国家也具有一定的借鉴意义可以看到，教育改革需要不断地试验、反思和调整，以实现更好的教育效果。同时，中国也可以从中吸取经验和教训，推动教育改革朝着更好的方向发展。

四、中国的历史课程改革

（一）历史课程改革的目标

中国历史课程改革的目标主要包括以下几点。

第六章 中外历史教育比较

1.落实立德树人的根本任务

历史课程应致力于培养学生的核心素养,促进学生初步树立正确的历史观、民族观、国家观、文化观,并采用新的目标分类陈述课程目标。

2.改变传统的教学方式

从学生的实际需求和兴趣出发,注重学生的全面发展,培养学生的创新能力和实践能力。

3.注重过程与方法的结合

在历史教学过程中,不仅关注知识的传授,还要注重学生的学习过程和方法,培养学生的探究精神和合作能力。

4.培养正确的历史意识

通过历史课程的学习,学生应具备对历史事件、历史人物的认识和评价能力,并能够以客观、科学的态度对待历史。

5.多元视角与批判性思维的培养

鼓励学生从不同的视角看待历史事件和人物,培养学生的多元文化意识和批判性思维能力。

6.全球视野与跨文化交流能力的培养

通过历史课程的学习,学生应具备全球视野和跨文化交流能力,了解不同国家和地区的文化、历史和发展。

7.结合现实生活

将历史知识和现实生活相结合,帮助学生理解现实社会中的问题和挑战,提高他们的社会责任感和实践能力。

这些目标旨在推动历史教学的创新和发展,更好地满足学生的学习需求和发展需要,培养具有全面素养的未来公民。

（二）历史课程改革的背景

自新中国成立特别是改革开放以来，我国的基础教育改革与发展取得了举世瞩目的伟大成就。随着社会的不断进步和发展，基础教育课程体系也在不断发展和完善。当前，科学技术的迅速发展、国际竞争的日益激烈以及信息技术的广泛应用，都对基础教育提出了前所未有的挑战。

尽管历史课程作为基础教育的重要组成部分和必修学科取得了巨大的成绩，但仍存在许多亟待解决的问题。

第一，课程目标通常以传授历史知识和培养历史思维能力为主。在实践中，往往存在着过度强调知识传授或过度强调能力培养的极端现象。这种现象会影响到历史课程的全面发展和学生综合素质的提升。关于思想教育方面的提法，存在着概念混乱的问题。有诸如"思想道德教育""思想政治教育""政治教育"等多种不同的提法。虽然这些提法在一定程度上丰富了思想教育的内涵，但也造成了概念理解的混乱。这种现象不利于思想教育的有效实施和学生对于相关概念的理解和认知。

第二，课程内容过度依赖《历史教学大纲》和历史教科书，过分强调完整的学科知识体系，并罗列了过多的知识点，但未能清晰明了地描述学习结果。一方面造成了单元课程授课时间紧凑，使教师面临教学压力，同时导致学生和社会对历史课程形成误解和偏见，误以为历史学习方法只是机械记忆。另一方面，未能明确区分基础教育阶段的历史课程和大学专业教育阶段的历史课程，而且历史课程内容结构陈旧过时，偏重于政治史和经济史，却忽略了文化史。与史学界最新的研究趋势和进展相比，这种保守的倾向使得学生对历史课程内容普遍缺乏兴趣。

第三，课程实施中普遍存在"灌输"和"划重点"的现象。教师包揽整个课堂，进行"一言堂"，忽视了学生的主体性和存在感。长期以来，我们往往将"教学"视为一个单一的词，只关注"教"的方面。因此，教学过程基本上以历史教科书为中心，将其视为不可违背的"圣经"。

第四，课程评价受到高考"指挥棒"的影响，导致历史课程的评价过于强调选拔和甄别功能，过于关注学生的卷面分数，过分强调学生对历史知识点的掌握程度。这种评价方式存在偏差，缺乏多元化和公平性，导致评价结果不准确和不全面。这种不公平的评价观念进一步误导了历史教学，削弱了历史教学的功能，阻碍了学生的全面发展。

第五，历史文本的叙述方式过于专业化、学术化，充斥着学究气息，带有明显的倾向性。这种叙述方式混淆了历史教育作为基础教育课程的基础性和人文性的特性。其结果是，历史教育在培育学生的综合素质和人文素养方面未能得到应有的关注和重视。

第七章　历史教育展望

历史教育作为教育的重要组成部分，对于培养学生的历史意识、文化素养和社会责任感具有重要意义。未来，历史教育将面临新的机遇和挑战，需要不断探索和创新，以适应时代的发展和学生的成长需求。

第一节　创新教育推动历史教育发展

历史教育不仅是对学生个人素养的提升，更是对国家和民族精神的传承。传统的历史教育模式往往过于注重知识的灌输，缺乏对学生创新思维和批判性能力的培养。在当今这个信息化、多元化的时代，创新教育的提出为历史教育的改革和发展提供了新的契机。

一、创新教育的内涵

（一）创新的内涵

1.创新的概念

创新是以新思维、新发明和新描述为特征的一种概念化过程，其目的是满足新的需求、解决现有问题、改善现状或开创前所未有的领域。创新涉及科学技术、文化艺术、社会制度、教育等多个领域，并通过不同的形式实现，如产品创新、技术创新、服务创新、知识创新、设计创新等。

2.创新的类型

创新的类型根据不同的维度和标准进行分类，主要包括以下几种。

（1）结构创新

结构创新是指通过改变产品的物理特性和功能，提高产品的性能、可靠性和易用性。例如，通过采用新的材料、设计新的零件或者改变产品的结构，以实现产品的优化和升级。

（2）网络创新

网络创新是指通过利用互联网、物联网、人工智能等新技术，实现企业与消费者、企业之间的信息共享、协同生产、资源优化配置等。例如，通过互联网实现远程监控、远程控制、远程服务，通过物联网实现设备之间的信息交换和协同工作，通过人工智能实现数据的分析和预测。

（3）流程创新

流程创新是指通过改进产品的开发、生产、销售等流程，以提高效率、降低成本、增强灵活性等。例如，采用精益生产、敏捷开发等流程管理方法，以提高生产效率和产品质量，采用供应链管理、物流优化等流程管理方法，以提高供应链的效率和可靠性。

（4）盈利模式创新

盈利模式创新是指通过改变企业的盈利模式，例如采用订阅、平台、共享等新模式，以实现更高的利润、更高的市场份额、更高的客户忠诚度等目标。例如，采用订阅模式，企业可以获得长期的稳定收入；采用平台模式，企业可以吸引更多的用户和商家，通过采用共享模式，企业可以降低成本和提高资源利用效率。

（5）产品性能创新

产品性能创新是指通过提高产品的性能、功能、质量等方面，满足消费者需求，提高产品的市场竞争力。例如，通过采用新的材料、设计新的零件或者改进生产工艺，提高产品的强度、精度、可靠性等性能。

（6）产品系统创新

产品系统创新是指通过开发全新的产品系统，满足消费者的一站式需求，提高产品的市场竞争力和用户满意度。例如，智能家居产品系统，通过将各种家电设备、传感器、智能控制器等集成到一个系统中，为用户提供更加便捷、智能化的生活体验。

（7）渠道创新

渠道创新是指通过改变产品的销售渠道、营销策略等方面，以满足不同的市场需求，提高市场占有率和销售额。例如，开发线上销售、线下实体店销售、批发等不同渠道，满足不同的消费需求。

（8）品牌创新

品牌创新是指通过改变品牌的形象、定位、传播等方式，以提高品牌知名度、品牌忠诚度和市场占有率。例如，采用新的广告策略、开展品牌营销活动等，提高品牌的知名度和美誉度。

第七章　历史教育展望

（9）服务创新

服务创新是指通过改进服务的流程、方式、质量等方面，以提高服务的效率、满意度和竞争力。例如，采用在线客服、智能客服等新技术，提高客户服务的质量和效率，提供个性化的服务，提高客户的满意度和忠诚度。

3.创新的本质

（1）创新是一种思维状态

创新思维是个体在观念层面新颖、独特、灵活的问题解决方式，是一种具有开创性的思维活动。具有创新思维的人通常具备以下特征。

第一，理解深刻，认识新颖。能够深入理解问题的本质，并以新颖的方式思考解决问题的方法。

第二，感受敏锐，思维灵活。能够敏锐地感知到问题的存在，并从多个角度考虑解决办法。

（2）创新是一种人格特征

创新人格是创新主体进行创新活动的心智基础和能力基础，具有开放性、好奇心、挑战性等特征。

第一，开放性。具有开放的心态和视野，愿意接受新事物和不同的观点，不局限于传统的思维模式和框架，能够多角度思考问题，寻找更多的解决方案。

第二，好奇性。对世界和事物充满好奇心和兴趣，愿意不断探索和了解，不断学习和思考，不断发现新的问题和解决问题的思路。

第三，挑战性。不满足于已有的结论和解决方法，勇于挑战传统和常规，寻求更好的解决方案和创新性解决方案。

这些特征共同作用，让创新者能够更好地进行创新活动，创造出新的价值。

（3）创新是一种精神

创新是一种精神，是一种追求卓越、探索未知、突破极限的态度和信念。创新者需要具备勇于尝试、追求进步、不断学习的精神，需要具备敢于冒险、敢于创新的勇气和决心。只有具备这些精神特质，才能更好地推动人类文明进步和发展。

4.创新的领域

创新的领域非常广泛,涵盖了科学、技术、经济、文化、教育等各个领域。

(1)科技创新

科技创新是利用科技手段和方法,进行新的产品、工艺、方法的研究和开发,以实现技术上的突破和创新。科技创新通常需要投入大量的人力、物力和财力,涉及的领域包括高科技、制造业、医疗保健等。

(2)产业创新

产业创新是针对产业结构和运营模式进行创新,以实现产业升级和转型。产业创新通常需要跨界思维和创新能力,涉及的领域包括制造业、服务业、农业等。

(3)文化创新

文化创新是针对文化产品、文化服务、文化活动进行创新,以实现文化传承和发展。文化创新通常需要跨界思维和创新能力,涉及的领域包括文化产业、文化教育、文化旅游等。

(4)教育创新

教育创新是针对教育方法、教育内容、教育技术进行创新,以实现教育改革和创新。教育创新通常需要跨界思维和创新能力,涉及的领域包括基础教育、高等教育、职业培训等。

(5)医疗创新

医疗创新是针对医疗技术、医疗设备、医疗药物进行创新,以实现医疗服务和治疗方式的创新。医疗创新通常需要跨界思维和创新能力,涉及的领域包括医疗科技、生物医药、健康管理等。

(6)商业模式创新

商业模式创新是针对商业模型、市场策略、运营方式进行创新,以实现商业模式的创新。商业模式创新通常需要跨界思维和创新能力,涉及的领域包括互联网、金融、制造业等。

5.创新的意义

创新的意义非常深远,具体来说,主要包括以下几方面。

第七章　历史教育展望

（1）能够促进社会变革和进步

创新可以带来新的思维方式和观念，推动社会的变革和进步，使人类社会更加开放、多元化和先进。创新带来的新技术和新方法，改变了人们的生活方式和工作方式，推动了社会的转型和升级。

（2）能够提高企业的竞争力和市场占有率

创新可以带来新的产品和服务，改进生产工艺和流程，提高效率和质量，从而增强企业的竞争力，获得更大的市场份额。同时，创新也帮助企业适应市场变化，应对竞争压力，实现可持续发展。

（3）能够解决社会问题

创新可以解决社会面临的各种问题，如医疗、教育、环境保护等，提高人民的生活质量和福利水平，增加社会福利。创新带来的新技术和新方法，可以帮助解决社会面临的各类难题，提高公共卫生、教育、环保等领域的服务水平。

（4）能够推动技术进步和科学发展

创新是科技进步的重要源泉，新的发明和创造不断涌现，推动科学技术不断向前发展，使得人类社会的生活水平不断提高。创新带来的新技术和新方法，不仅改进了生产工艺和流程，提高了效率和质量，而且带来了新的产品和服务，满足人们不断增长的需求。

（5）能够推动经济稳定快速发展

创新可以带来新的产业和就业机会，促进经济的增长和发展。在经济全球化的背景下，创新还能够提高一个国家的国际竞争力和国际地位。创新的新技术和新方法，不仅提高了生产效率，也带来了新的商业模式和产业链，推动了经济的多元化和升级。

（6）能够提高个人竞争力

创新也能够帮助个人在职业和生活中获得更多的机会和成功，提高个人的竞争力和职业发展。创新带来的新技术和新方法，提高了个人的工作效率和生活品质，增加了个人发展的可能性。

（二）创新教育的概念

创新教育是一种以培养人们创新精神和创新能力为基本价值取向的教育。它旨在培养学生在学习、实践和思维过程中表现出的自主创新、积极探索和主动解决问题的能力。创新教育不是一种专门的教育形式，而是一种教育理念和目标，它强调在教育过程中注重学生的主体性、探究性和实践性，培养学生的创新思维、创新能力和创新人格。创新教育的实施需要教师在教育观念、教学方法和评价方式等方面进行转变和创新，同时也需要学校、家庭和社会等各方面的支持和配合。

（三）进行创新教育的必要性

进行创新教育的必要性主要体现在以下几个方面。

1.适应未来社会的发展需求

随着科技的迅速发展和全球化的推进，未来社会需要的人才不仅要具备扎实的专业知识和技能，还要具备创新思维、创新能力、批判性思维等综合素养。创新教育注重培养学生的创新能力和解决问题的能力，能够帮助学生更好地适应未来社会的发展需求。

2.促进学生的全面发展

创新教育不仅关注学生的知识学习，还注重学生的实践能力、创新思维、情感态度等方面的培养。通过创新教育，学生可以更好地发掘自己的潜力，发挥自己的特长，实现全面发展。

3.提升学校的综合竞争力

创新教育的实施可以提高学生的综合素质和创新能力，提高学校的综合竞争力。在激烈的教育竞争中，只有具备创新精神和创新能力的学生才能为学校赢得更多的优势和荣誉。

第七章　历史教育展望

4.推动社会的进步和发展

创新教育的实施可以培养出一批具有创新精神和实践能力的人才，学生将在各个领域发挥重要作用，推动社会的进步和发展。同时，创新教育也可以促进社会文化的多元化和创新性发展，为社会注入新的活力和动力。

（四）创新教育的基本特征

创新教育的特征包括全员性、主体性、开放性、人文性、整合性、差异性、发展性。这些特征旨在培养学生的创新精神和实践能力，提高学生的综合素质和创新能力。

1.全员性

创新教育面向全体学生，注重学生的全面发展和整体素质的提升。全员性不仅关注优秀学生的培养，也关注其他学生的发展，致力于让每个学生都能在创新教育中得到成长。

2.主体性

创新教育强调学生的主体性和自主性。主体性鼓励学生发挥自己的创造力和想象力，主动参与学习过程，成为学习的主人。通过培养学生的主体性，让学生学会独立思考和解决问题，从而更好地适应未来的挑战。

3.开放性

创新教育具有开放性的特点。开放性不仅关注学生的学科知识，还注重培养学生的跨学科能力和综合素养。同时，创新教育也鼓励学生开放思维，接受新事物和新思想，以促进创新思维的发展。

4.人文性

创新教育注重学生的人文素养和情感教育。人文性关注学生的文化背景、价值观和情感体验，致力于培养学生的文化自觉和文化认同。通过将人文精神融入创新教育，让学生更好地理解人类文明和科技进步的内涵。

5.整合性

创新教育注重学科之间的整合和跨学科学习。整合性鼓励学生将不同领域的知识和技能结合起来，以解决复杂的问题。通过整合性的学习，学生可以更好地理解和应用知识，提高综合能力和创新能力。

6.差异性

每个学生都有不同的天赋和潜力，创新教育尊重学生的差异性，鼓励学生在自己的兴趣和能力范围内进行创新和学习。同时，创新教育也注重因材施教，为每个学生提供个性化的指导和支持。

7.发展性

创新教育是一个不断发展的过程。发展性不仅关注学生的当前表现，还注重学生的未来发展和潜力挖掘。通过培养学生的创新能力和综合素质，让学生具备适应未来社会变化和科技发展的能力。

二、历史学科创新教育发展的关键

概括来说，历史学科实施创新教育和历史教育实现创新发展的关键在于以下几个方面（图7-1）。

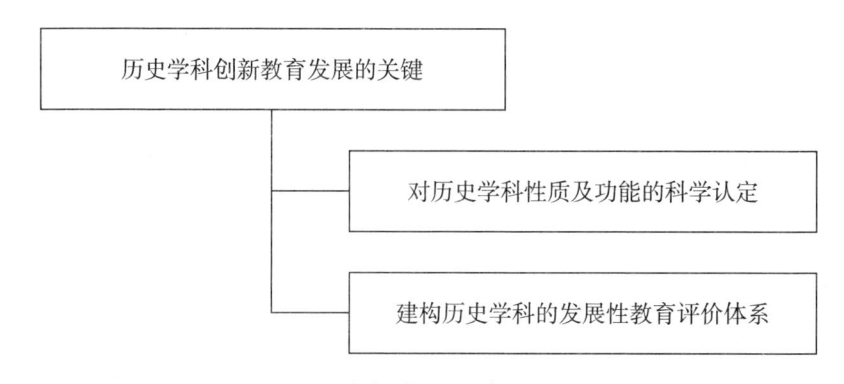

```
历史学科创新教育发展的关键
    ├── 对历史学科性质及功能的科学认定
    └── 建构历史学科的发展性教育评价体系
```

图7-1　历史学科创新教育发展的关键

第七章 历史教育展望

（一）对历史学科性质及功能的科学认定

长期以来，中学的历史课程一直处于一种两极化的境地。一方面，它被上成了专业历史知识课，也就是那些对历史细节和事件进行深入探讨和解析的课程。这类课程往往过于注重历史事件的细节，而忽视了运用历史的宏观视角审视历史事件和对深层次内容的理解把握。另一方面，历史课又被上成了空洞的政治说教课，政治立场和意识形态被强行加入到历史课程中，使历史事件和人物被简化成了政治宣传的工具。

这两种教学方式都背离了历史教育的真正意义。历史教育不仅仅是为了传授知识，更重要的是培养学生的历史意识，帮助他们理解社会、文化和人类的演变，并培养他们独立思考和判断的能力。如果历史教育只停留在专业历史知识的传授上，那么学生就无法从整体和深层的角度理解历史，学生的思考能力和创新精神也无法得到充分的锻炼。同样，如果历史教育只是进行政治宣传，那么学生就无法真正接触到历史的真实面貌，学生的思维也会变得狭隘和偏执。

由于历史教育未能充分体现其应有的价值，无论是学生、社会还是历史教师自身，都开始对学习历史产生怀疑。学生认为历史是枯燥无味的，社会对历史教育的期待也变得模糊不清，历史教师则面临着教学成果难以体现的困境。这种情况下，更新历史教育理念和对历史教育的定位显得尤为重要。

教育领域中的历史学科在促进人的发展方面扮演着重要的角色。通过教授历史，发挥历史知识所具有的教育功能，以此提升人的综合素质。历史教育不仅涉及历史事件和人物的传授，还涵盖了人文性、人格教育、审美教育以及环境教育等多个方面。这些教育元素相互交织，共同构成了历史教育的复杂性和多样性。

从历史教育的功能角度来看，应该强调陶冶精神、发展思维及借鉴功能等。历史知识的学习可以帮助人们更好地理解过去，从而更好地面对现在和未来。通过对历史事件和人物的学习，可以培养批判性思维和独立思考的能力，同时也可以借鉴历史经验，为现实生活中的决策提供参考。

从人的全面发展及社会可持续发展的角度来看，历史教育应该强调人文性、人格教育、审美教育及人与社会、人与自然之间的辩证关系的环境教育。这些方面的教育有助于培养人们的文化素养、道德观念和审美情趣，同时也可以帮助人们更好地理解人与自然、人与社会之间的关系，从而更好地融入社会和自然环境中。

在知识经济时代的要求下，历史教育需要特别强调个性、创造性。知识经济时代注重知识的创新和运用，因此历史教育应该培养学生的创新能力和创造力。通过引导学生探索历史事件和人物的深层含义和启示，可以激发他们的创新思维和创造性实践能力。

总之，历史学科的创新教育问题是一个重要的研究课题。在知识经济时代的要求下，需要深入研究如何通过创新的方式和方法来提高历史教育的质量和效果。

（二）建构历史学科的发展性教育评价体系

建立一套与基础教育新历史课程标准的发展性课程目标相一致的历史学科教育教学评价体系是当前的重要任务。

首先，历史学科教育创新的理念决定了教育评价改革的理念。评价的根本依据应该是学生的素质和能力发展，而不仅仅是历史知识的掌握水平或者单纯的历史学习能力。考虑到学生发展中的潜能差异和个性差异较大，应当反对使用单一的历史学业卷面考试成绩来评价和管理学生。

其次，应该探索多种历史学科教育的评价方式。由于学生的个性发展是千差万别的，因此必须抛弃单一的一元化评价模式。在评价主体方面，应该向教师、学生双向或多向评价方向发展；评价方式可以采取书面考试、分项历史实践活动考查、历史小论文或调查报告等；评价结果不一定是固定的分数，可以采用学分、学习等级等方式表示，也可以采用学生自己或教师的个性化评语表示。这样可以真正使历史教育的评价适应学生个性发展的要求，充分发挥评价的导向和鼓励功能。

最后，应该充分发掘历史考试的功能和作用。虽然考试是目前中小学学科教育评价所采用的最主要的方式之一，但我们应该加强在历史考试命题方面的改革。在保持知识性的基础上，应该凸现情境性和情感性；在追求科学性的同时，也要突出发展性和开放性。通过将历史的"活性"与人的素质提高相结合，借助"活"题，可以激活历史教学和学生的思维。

三、历史学科创新教育的实施策略

历史学科创新教育的核心在于培养创新素质，通过挖掘和创造性地使用历史材料，使受教育者在创新意识、创新思维和创新品格等方面得到发展。然而，从创新能力发展目标的角度来看，目前的中学历史教学存在不足，需要重新审视和定位其内容选择、教学组织及评价等环节，并研究实施策略。

（一）以创新的理念组织教学内容

我们应该根据创新能力的培养目标，选择具有创新性的历史材料和内容，并对其进行创造性的解读和分析。这需要教师具备创新意识和敏锐的洞察力，从历史材料中发掘出具有启发性和思考价值的内容，引导学生进行深入思考和创新性探究。

（二）围绕创新能力发展创设教学环境

在历史教学中，应该营造一个开放、自由、富有创新氛围的教学环境，鼓励学生发挥想象力和创造力。教师可以采用多种教学方法和手段，如讨论、辩论、角色扮演、案例分析等，引导学生积极参与、思考和质疑，培养学生的创新思维和解决问题的能力。

（三）以创新能力的发展作为教学评价的基本点

评价是促进创新能力发展的重要手段之一。在历史教学中，应该建立一套科学、合理的评价体系，以创新能力的发展为基本点，对学生的学习过程和成果进行评价。这包括学生的课堂参与度、独立思考能力、创新性思维和解决问题的能力等。通过评价的引导和激励作用，鼓励学生发挥创造力和想象力，培养学生的创新意识和能力。

第二节　教育数字化转型助力历史教育发展

随着科技的快速发展，教育数字化转型已成为当今教育改革的重要发展趋势。这一转型不仅改变了教育的形式和内容，还为历史教育的发展提供了强大的助力。

一、教育数字化转型对历史教育的改变

教育数字化转型对历史教育的改变主要包括以下几方面（图7-2）。

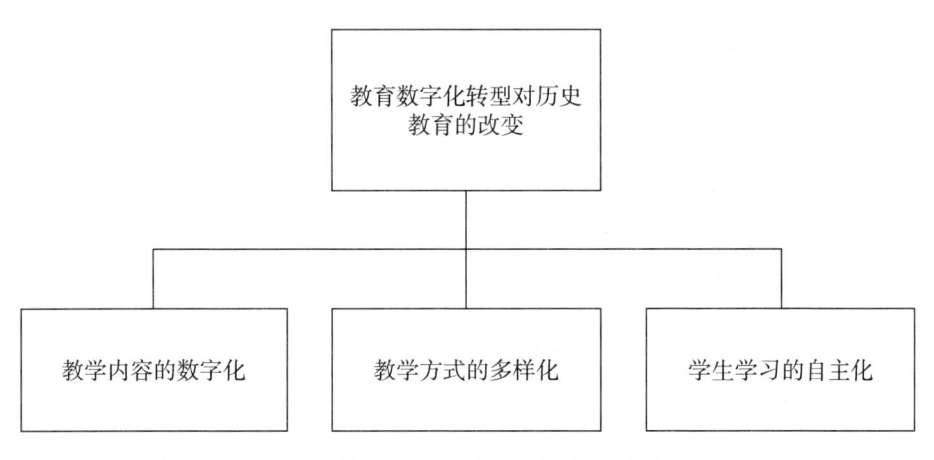

图7-2　教育数字化转型对历史教育的改变

（一）教学内容的数字化

在数字化转型的推动下，历史教学内容已经不再局限于传统的纸质教材。现在，教师们可以使用各种数字化的教学资源，如在线课程、数字图书馆、历史网站等丰富教学内容。这些数字化的教学资源不仅提供了更多的历史资料和信息，还可以通过多媒体技术生动地展示历史事件和人物，让学生更好地理解和掌握历史知识。

（二）教学方式的多样化

数字化转型使得教学方式也发生了变化。教师们可以使用各种数字化的工具和技术，如在线讨论、互动白板、虚拟现实等，来提高教学效果。例如，教师可以利用在线讨论平台，引导学生进行讨论和交流，增强学生的参与度和互动性；使用互动白板，可以更加直观地展示历史事件和人物，帮助学生更好地理解历史；利用虚拟现实技术，可以让学生亲身体验历史事件，增强学生的感知和记忆。

（三）学生学习的自主化

数字化转型还促进了学生学习的自主化。学生可以通过在线课程、数字图书馆等数字化资源，自主选择学习内容和进度。这种自主化的学习方式不仅可以激发学生的学习兴趣和积极性，还可以培养学生的自主学习能力和终身学习的意识。

二、教育数字化转型在历史教育中的优势

教育数字化转型在历史教育中的优势主要包括以下几方面（图7-3）。

```
教育数字化转型在历史教育中的优势
├── 提高教学质量和效率
├── 促进教育公平和教育普及化
├── 增强历史教育的互动性和参与性
├── 优化历史教育评价方式
├── 促进历史教师专业素养的提升
└── 推动历史教育的创新和发展
```

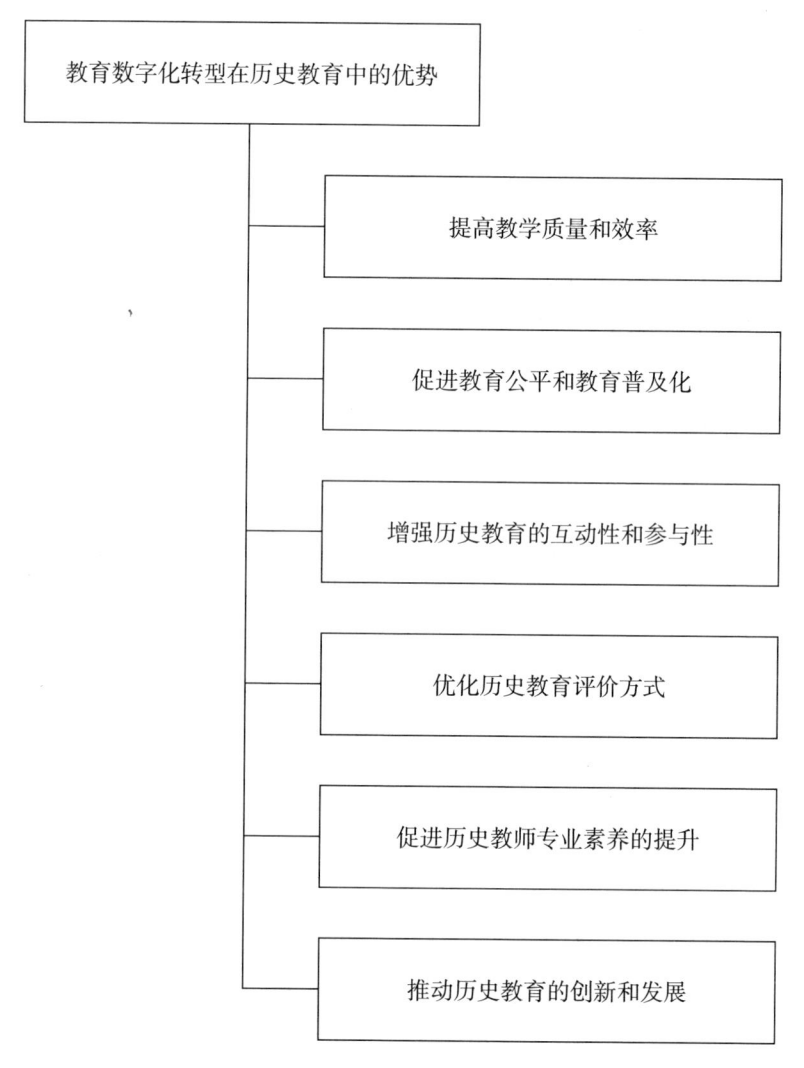

图7-3 教育数字化转型在历史教育中的优势

（一）提高教学质量和效率

数字化转型可以提高教学质量和效率。通过使用各种数字化的教学资源和技术，教师可以更加生动、形象地展示历史知识，帮助学生更好地理解和掌握历史内容。同时，数字化转型还可以实现个性化教学，根据学生的特点

第七章　历史教育展望

和需求，提供更加精准的教学内容和方式。

（二）促进教育公平和教育普及化

数字化转型可以促进教育公平和教育普及化。通过在线课程和数字化资源，可以让更多的学生接触到历史知识，打破地域和经济的限制。同时，数字化转型还可以实现远程教育和在线教育，让更多的学生可以在不同的环境下接受到高质量的教育。

（三）增强历史教育的互动性和参与性

数字化技术为师生提供了更加便捷的互动和参与平台。学生可以在课堂上使用数字化设备进行实时问答、讨论等互动活动，从而提高课堂参与度和学习效果。此外，教师还可以利用在线平台发布作业、进行测试以及组织讨论等，以便更好地了解学生的学习情况并及时调整教学策略。这种互动式的学习环境有助于激发学生的学习兴趣和主动性，培养其独立思考和解决问题的能力。

（四）优化历史教育评价方式

数字化技术为历史教育评价提供了更多元化的手段和方法。传统的教学评价主要依赖于纸质测试和考试，而数字化技术则可以实现过程性评价、表现性评价等多种评价方式。例如，通过分析学生在互动平台上的发言和讨论情况，教师可以了解学生的课堂参与度和学习效果。此外，数字化技术还可以对大量的评价数据进行处理和分析，为教师提供更加准确、客观的评价结果，以便更好地指导学生的学习。

（五）促进历史教师专业素养的提升

在教育数字化转型的背景下，历史教师需要不断更新知识和技能以适应新的教学环境。数字化技术的应用需要教师具备一定的计算机操作能力和数字素养。因此，通过培训和实践操作，教师可以提高自身的专业素养和教学能力。此外，数字化技术还为教师提供了更多的学习和交流机会。教师可以通过在线课程、学术论坛等途径拓宽视野、了解最新的学术动态和教育理念，从而促进历史教育的创新和发展。

（六）推动历史教育的创新和发展

数字化转型可以推动历史教育的创新和发展。通过使用各种数字化的工具和技术，教师可以不断创新教学方式和内容，提高教学效果和质量。同时，数字化转型还可以促进历史教育与其他学科的融合和发展，推动历史教育的现代化和全面升级。

三、教育数字化转型在历史教育中面临的挑战和对策

（一）教师素质和能力不足

数字化转型需要教师具备一定的数字化素养和能力。一些教师可能缺乏相关的技能和知识，无法有效地利用数字化资源和技术进行教学。为此，学校应该加强对教师的培训和提高教师的数字化素养和能力。学校可以组织教师参加数字技能培训课程或教育技术研讨会等。

（二）网络安全和教育隐私保护问题

数字化转型也会带来网络安全和教育隐私保护问题。在在线教育和数字化资源的使用过程中，学生的个人信息和教育数据可能会被泄漏或滥用。为了保护学生的隐私和数据安全，学校应该加强网络安全管理和教育隐私保护措施。例如，学校可以采取数据加密、访问控制等措施来保障数据的安全性

和保密性。

（三）学生对数字化教育的接受程度和参与度

数字化转型需要学生适应新的教学方式和环境，一些学生可能对数字化教育缺乏兴趣或参与度。为了提高学生的参与度和兴趣，教师可以采用多种教学方法和手段，如游戏化学习、虚拟现实等吸引学生的注意力。同时，学校可以开展相关的宣传和教育活动，让学生更好地了解数字化教育的优势和特点。

（四）数字化教育资源的建设和更新

数字化教育资源的建设和更新是数字化转型的重要保障。一些学校可能缺乏相关的资源和技术支持，无法有效地开展数字化教育。为了解决这个问题，学校可以加强与政府、企业和其他机构的合作，共同开发优质数字化教育资源和技术支持。同时，学校可以积极争取社会各界的支持和资源，为数字化教育的开展提供更加充足的保障。

第三节 元宇宙视域下历史教育的创新发展

随着科技的迅速发展和数字化转型的深入推进，历史教育正面临着新的机遇和挑战。元宇宙作为一种新兴的技术形态，为历史教育的创新发展提供了新的思路和途径。在元宇宙视域下，历史教育可以采用更加生动、形象、互动的教学方式，提高学生的学习兴趣和参与度，推动历史教育的现代化和全面升级。

一、元宇宙的概念和特点

元宇宙是指一个虚拟的、扩展的、集成的共享空间，由虚拟增强的物理现实和物理持久的虚拟空间现实共同构成，包括所有的虚拟世界、增强现实和互联网的总和。元宇宙具有以下特点（图7-4）。

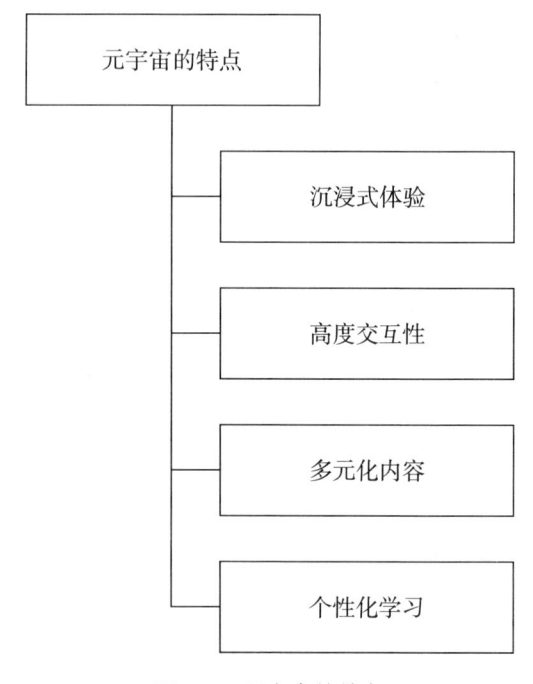

```
元宇宙的特点
├── 沉浸式体验
├── 高度交互性
├── 多元化内容
└── 个性化学习
```

图7-4 元宇宙的特点

（一）沉浸式体验

在元宇宙中，学生可以通过虚拟角色进入历史场景中进行体验和学习，通过与虚拟人物和场景的交互来获取更加真实、生动的历史知识。这种沉浸式体验可以让学生更加深入地了解历史事件和人物，增强学生对历史的感知和记忆，提高学生的学习效果。

第七章　历史教育展望

同时，元宇宙还可以提供更加多元化、个性化的学习资源，满足不同学生的学习需求和能力，让学生根据自己的兴趣和需求进行学习。例如，学生可以通过虚拟现实技术观察历史人物的形象和声音，了解历史人物行为背后的思想，更加深入地理解历史。

（二）高度交互性

在元宇宙中，学生们可以通过虚拟角色与其他学生进行互动和合作，共同探索历史场景和事件。学生可以通过与虚拟场景和物品的交互，了解历史背景、事件细节和发展脉络，从而更加深入地了解历史。同时，学生们还可以通过与其他学生的交流和互动，分享学习心得和体会，互相学习和帮助，提高学习效果。

此外，元宇宙中的高度交互性还可以培养学生的社交能力和合作精神。学生们可以通过与其他学生的互动和合作，学习如何与他人交流、协商和合作解决问题。这种社交能力和合作精神的培养对于学生的未来发展非常重要，可以帮助学生更好地适应社会和工作场所的需要。

（三）多元化内容

元宇宙可以融合多种类型的内容，如文字、图片、音频、视频等，为学生提供更加丰富、多元化的学习资源。这种多元化的学习资源可以满足不同学生的学习需求和能力，提高学生的学习兴趣和参与度，促进学生的个性化发展。

（四）个性化学习

元宇宙可以根据学生的特点和需求，提供个性化的学习体验和资源，实现精准教学。这种个性化学习方式可以更好地满足学生的学习需求和能力，进而提高学生的学习效果和兴趣。

二、元宇宙视域下历史教育的创新发展

元宇宙视域下历史教育的创新发展主要包括以下几方面（图7-5）。

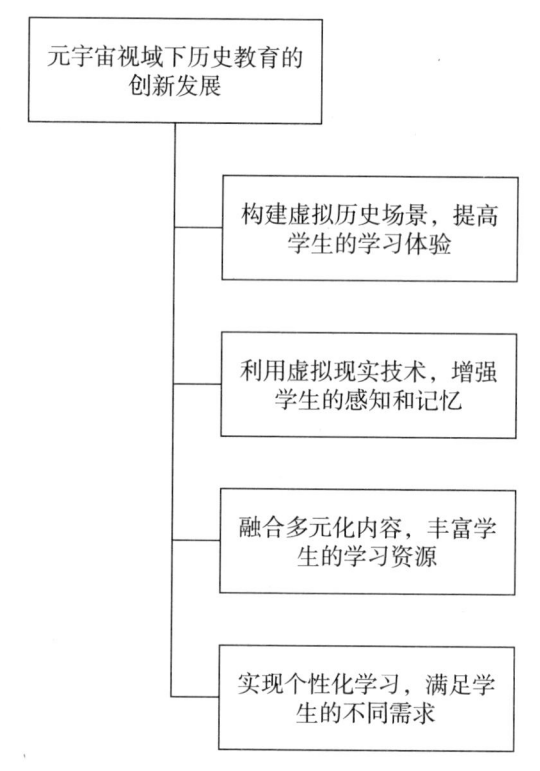

图7-5 元宇宙视域下历史教育的创新发展

（一）构建虚拟历史场景，提高学生的学习体验

在元宇宙视域下，历史教师可以构建虚拟的历史场景，还原历史事件和人物的真实面貌，让学生身临其境地感受历史的魅力。例如，教师可以构建虚拟的古代城市、历史战场、古代文化遗址等场景，让学生通过虚拟角色进入场景中进行体验和学习。

（二）利用虚拟现实技术，增强学生的感知和记忆

虚拟现实技术可以为学生提供沉浸式的学习体验，让学生通过视觉、听觉、触觉等多种感官来感知历史。例如，教师可以利用虚拟现实技术还原历史事件的发展过程，让学生通过观察和交互来了解历史事件的细节和发展脉络。

（三）融合多元化内容，丰富学生的学习资源

在元宇宙的视角下，历史教师可以将多种类型的内容，如将文字、图片、音频、视频等融入教学中，为学生提供更为丰富和多元化的学习资源。例如，通过虚拟现实技术，教师可以还原历史人物的形象和声音，使学生能够与这些历史人物进行互动，从而更深入地了解和学习。

（四）实现个性化学习，满足学生的不同需求

在元宇宙的视角下，历史教师可以根据每位学生的特点和需求，为他们提供个性化的学习体验和资源，从而实现精准教学。这样的教学方式可以更好地满足每位学生的学习需求，帮助学生更好地理解和掌握历史知识。

三、元宇宙视域下历史教育创新发展的挑战与对策

（一）技术成本和实施难度较高

元宇宙技术的开发和应用需要较高的技术和资金投入，同时需要专业的技术人员进行支持和维护。因此，在实施元宇宙视域下的历史教育时，需要充分考虑技术成本和实施难度的问题。可以通过政府、企业和社会各方面的合作和支持来共同推进元宇宙技术在历史教育中的应用和发展。

（二）需要更新教育观念和教育方式

元宇宙视域下的历史教育需要更新教育观念和教育方式，适应新的技术和学生的学习需求。教师需要不断学习和掌握新的技术和工具，转变传统的教学观念和方法，注重学生的自主学习和个性化学习。同时需要加强对学生的引导和教育，避免学生在元宇宙学习中出现信息过载和学习迷失等问题。

（三）需要注意信息质量和真实性

元宇宙视域下的历史教育需要关注信息质量和真实性的问题。由于元宇宙是一个虚拟的共享空间，其中的信息可能存在不准确、不完整或不真实的情况。因此，教师需要认真筛选和核实学习资源，确保提供给学生的信息是可靠和准确的。同时需要加强对学生的教育和引导，培养学生的信息素养和批判性思维。

（四）需要关注学生的隐私和安全问题

元宇宙视域下的历史教育需要关注学生的隐私和安全问题。由于元宇宙是一个虚拟的空间，学生的个人信息和学习数据可能存在被泄露或滥用的风险。因此，学校需要加强对学生的隐私保护和安全管理，保障学生的个人信息安全和学习环境的安全。

参考文献

[1]武杏杏，亢丽芳.认知与探索：历史课程与教学研究 [M].北京：中国书籍出版社，2021.

[2]齐健，赵亚夫.历史教育价值论 [M].北京：高等教育出版社，2003.

[3]于友西.中学历史教学法 [M].北京：高等教育出版社，2009.

[4]李稚勇.历史教育学新论：国际视野中的我国历史教育改革 [M].北京：人民教育出版社，2010.

[5]胡淑.基础教育历史课程教学原理与方法 [M].昆明：云南大学出版社，2014.

[6]殷丽萍.历史课程与教学论 [M].广州：广东高等教育出版社，2013.

[7]朱汉国，郑林.新编历史教学论 [M].上海：华东师范大学出版社，2008.

[8]杜芳，陈志刚.历史课程与教学论 [M].武汉：华中师范大学出版社，2012.

[9]徐治成，刘泽鹏.知史明鉴 [M].延吉：延边大学出版社，2020.

[10]孙恭恂.历史教学的艺术与技巧：历史教育论稿 [M].北京：中国地图出版社，1995.

[11]叶小兵，姬秉新，李稚勇.历史教育学 [M].北京：高等教育出版社，2004.

[12]姬秉新，李稚勇，赵亚夫.理解与实践高中历史新课程与高中历史教师的对话 [M].北京：高等教育出版社，2005.

[13]周长山.历史学、旅游管理、文化产业管理专业学习指导 [M].桂林：广西师范大学出版社，2007.

[14]贾云涛.历史教学设计与实践研究 [M].哈尔滨：哈尔滨出版社，2020.

[15]马卫东.历史教学概论[M].北京：北京师范大学出版社，2010.

[16]王雄.王雄的中学历史教学主张[M].北京：中国轻工业出版社，2015.

[17]于友西.中学历史教学法[M].北京：高等教育出版社，2009.

[18]陈光裕，薛伟强.历史学科知识与教学能力[M].北京：北京师范大学出版社，2020.

[19]赵克礼，徐赐成.中学历史教材研究与教学设计[M].西安：陕西师范大学出版社，2011.

[20]朱煜.历史课程与教学论[M].长春:东北师范大学出版社，2005.

[21]中公教育教师资格考试研究院.历史学科知识与教学能力[M].北京西安：世界图书出版公司，2013.

[22]刘军.初中历史教学策略[M].北京：北京师范大学出版社，2013.

[23]钱家先，太俊文.中学历史新课程教学论[M].昆明：云南大学出版社，2007.

[24]张向阳.历史教学论[M].长春：长春出版社，2011.

[25]杜芳.新理念历史教学论[M].北京：北京大学出版社，2009.

[26]何成刚，夏辉辉，张汉林.历史教学设计[M].上海：华东师范大学出版社，2009.

[27]余伟民.历史教育展望[M].上海：华东师范大学出版社，2002.

[28]张庆海.中学历史教学中的史学理论问题[M].长春：长春出版社，2012.

[29]杜芳.新理念历史教学论[M].北京：北京大学出版社，2013.

[30]宾华.中学历史课堂教学设计研究[M].长春：长春出版社，2012.

[31]陈志刚.历史课程论[M].长春：长春出版社，2012.

[32]陈辉.中学历史教学论新探[M].北京：高等教育出版社，2014.

[33]陈志刚，翟霄宇.历史课程与教学论[M].北京：科学出版社，2012.

[34]司霖霞.历史教师教学技能与训练[M].北京：航空工业出版社，2012.

[35]汪瀛.高中历史新课程教与学[M].北京：线装书局，2007.

[36]孙智勇，黄妙茜，钟素芬.历史教学与思维创新[M].长春：吉林文

史出版社，2019.

[37]费驰.历史课程与教学论[M].长春：吉林人民出版社，2008.

[38]王承吉.中学历史教学论[M].北京：北京师范大学出版社，2010.

[39]王春永.中学历史课程教学论[M].长春：吉林大学出版社，2011.

[40]姬秉新.历史教育学概论[M].北京：教育科学出版社，1997.

[41]黄牧航.历史教学与学业评价[M].广州：广东教育出版社，2005.

[42]施良方，崔允漷.教学理论：课堂教学的原理、策略与研究[M].上海：华东师范大学出版社，1999.

[43]赵亚夫,熊巧艺.中学历史教育学的理论追求与实践取向[J].天津师范大学学报(基础教育版)，2022（1）.

[44]李稚勇.中、美、英三国中学历史课程内容体系比较研究[J].上海师范大学学报：基础教育版，2007（1）.

[45]叶小兵.论历史学习策略与历史学习方法[J].历史教学问题，2004（3）.

[46]杨旭.问题式自主学习模式在初中课堂教学中的有效应用[J].新教育时代电子杂志(学生版)，2021（3）.

[47]马振彪.在初中历史课堂中要授之以渔[J].新一代(理论版)，2016（8）.

[48]李稚勇.中英两国历史科国家课程标准比较研究[J].上海师范大学学报：基础教育版，2009（4）.

[49]冯本文.初中历史教学中的情感教育[J].学生·家长·社会(学校教育)，2020（11）.

[50]张春燕.中学历史教学的情景复现法[J].教育研究·论坛，2011（11）.

[51]陈丽娜.中历史教学的情景复现法[J].教育研究·论坛，2011（20）.

[52]李稚勇.论中小学人文社会学科课程的分科与综合：从中美英法四国的实践看历史课与社会科之改革[J].上海师范大学学报（哲学社会科学版），2009（2）.

[53]李星.新课改视野下的教师专业发展[J].西部教育发展研究，2010（4）.

[54]张坤江.初中历史教学的情景复现法初探[J].新课程(教师版)，2012（3）.